D0834271

LA CUARTERONA

Alejandro Tapia y Rivera

LA CUARTERONA

Drama original en tres actos

Instituto de
Cultura
Puertorriqueña

LA EDITORIAL
UNIVERSIDAD DE PUERTO RICO

LA EDITORIAL
UNIVERSIDAD DE PUERTO RICO

©Alejandro Tapia y Rivera, 1993

Todos los derechos reservados bajo International and Pan-
American Copyright Conventions. Publicado y distribuido por
La Editorial, Universidad de Puerto Rico
Apartado 23322
San Juan, Puerto Rico 00931-3322
www.laeditorialupr.com

Reimpresiones, 1995, 2001, 2003, 2007, 2009

Catalogación de la Biblioteca del Congreso
Library of Congress Cataloging-in-Publication Data

Tapia y Rivera, Alejandro
    La cuarterona: drama original en tres actos / Alejandro
Tapia y Rivera.-- Published/Created: San Juan, P.R. : Instituto de Cultura
Puertorriquenña: La Editorial de la Universidad de Puerto Rico, 1993.
    146 p. ; 21 cm.
ISBN: 0-8477-0201-4
PQ7439.T3 C8   1993

ISBN: 978-0-8477-0201-5

Tipografía: Héctor R. Pérez
Diseño de portada: José Peláez
Ilustración de portada "Escenografía", de Carlos Marichal, 1967
                    Colección Instituto de Cultura Puertorriqueña

Impreso en EE.UU / Printed in USA

Prohibida la reproducción parcial o total de este libro, por
cualquier medio, sin previo consentimiento escrito de La Editorial.

CONTENIDO

PRÓLOGO, por Edgar Quiles 1

BIBLIOGRAFÍA 22

LA CUARTERONA 43

    Acto primero 45

    Acto segundo 87

    Acto tercero 115

PRÓLOGO A LA OBRA DE ALEJANDRO TAPIA Y RIVERA: *LA CUARTERONA*

por Edgar Quiles

ESBOZO CRONOLÓGICO DE ALEJANDRO TAPIA Y RIVERA Y DE SU TEATRO

Nace Alejandro Tapia y Rivera un doce de noviembre de 1826. Su madre, Doña Catalina Rivera Sánchez, era puertorriqueña, natural de Arecibo. Su padre, Don Alejandro Mariano Tapia y Zapata, era natural de Murcia, España. Desde muy temprana edad comienza a sentir el peso de la responsabilidad. Las condiciones económicas del momento lo hacen dejar la escuela para servir de sostén a su familia. Trabaja por algún tiempo en el Departamento de Hacienda, y así puede sobrevivir a los años aciagos de la década de los cuarenta, que, por otro lado, fue vital en la formación del joven Tapia, no sólo para su desarrollo personal, sino también intelectual.

Un año importantísimo, en este aspecto, fue el 1845. La existencia de la famosa Sociedad Filarmónica le permite iniciar sus incursiones literarias a través del teatro. En ese año, siendo él miembro de la Sociedad, la reorganiza imprimiéndole la afición teatral al constituir la Sección Dramática. Durante los años que se suceden hasta

1849, dicha Sección ofrece conciertos, lecturas de versos y de "escenarios" como señalan algunos investigadores, refiriéndose a las lecturas de obras de teatro. En enero de 1849 se inaugura el Salón Principal de la Sociedad para albergar esos proyectos de ingentes esfuerzos que desarrollaba el joven Tapia. Su espíritu impetuoso lo lleva ese mismo año a un duelo con un oficial de artillería, lo que le cuesta el destierro a Madrid.

Su personalidad, de un alto temperamento romántico, como bien lo señala Doña Josefina Rivera de Álvarez,[1] ya comenzaba a perfilarse. Audaz, emprendedor, se inicia en el cultivo de las letras a la edad de 23 años al escribir el libreto de la ópera *Guarionex* con música del maestro Felipe Gutiérrez, aunque formalmente su primera incursión será tres años más tarde con la publicación de los primeros apuntes de su famosa leyenda *La palma del Cacique.*

También en dicho año de 1849 el Gobernador Don Juan de la Pezuela, Conde de Cheste,[2] firma un decreto que establece "la censura moral y política" para las obras de teatro que hubieran de representarse.[3] Estas tenían que tener un permiso oficial si querían ser escenificadas.

En España, el joven Tapia se une a un grupo de estu-

---

[1] Véase Josefina Rivera de Álvarez, "Visión histórico-crítica de la literatura puertorriqueña (orígenes: siglos XVI, XVII, XVIII, y XIX)" en *Literatura Puertorriqueña 21 Conferencias,* San Juan: I.C.P.R., 1960, p. 49.

[2] Detalle curioso es que este gobernador fue un amante furibundo del teatro. Fue fundador de la Sociedad Conservadora de Teatro Español, además de ser su director artístico. Persona de altos intereses literarios. Esta sociedad, junto con la Filarmónica, a la que se unió, fueron, de hecho, las precursoras del famoso Ateneo Puertorriqueño. La fecha no se sabe con exactitud. Para más detalles véase el libro de Emilio Pasarell titulado *Orígenes de la afición teatral en Puerto Rico.*

[3] Capítulo 9: Sobre Diversiones y Espectáculos Públicos del *Bando de Policía y Buen Gobierno—1849.* (Véase Pasarell, *Op. Cit.,* para más explicación.)

diantes puertorriqueños interesados en nuestra historia, los cuales se dan a la tarea de recopilar documentos reveladores sobre nuestro pasado. Entre 1851-53 se representa la ópera *Guarionex* por la Sociedad Filarmónica en el citado nuevo Salón principal. Un año después (1854) regresa Tapia de su exilio y publica la primera *Biblioteca Histórica de Puerto Rico*; magno esfuerzo documental para el inicio de nuestra ciencia historiográfica.

Su estreno formal como dramaturgo será el 19 de septiembre de 1856 con el drama-histórico *Roberto D'Evreux*, en el que se presentan los amores desenfrenados entre Isabel de Inglaterra y el Conde de Essex. Un año más tarde, el 12 de abril, se representa su segunda pieza bajo el título de *Bernardo de Palissy o el heroísmo del trabajo*; estrenada en el Municipal. Se trata de las obras de mayor repercusión social; en ella se perfila un escritor altamente preocupado por la persecución que era norma de los regímenes colonialistas del momento. En este caso, representando la persecución religiosa de que fuera objeto el alfarero protestante Bernardo de Palissy en la Francia del siglo XVI. Ambas obras aparecieron publicadas ese mismo año 1857.

Viaja a Cuba, donde publica en 1862, un libro sobre trabajos de distintos géneros titulado *El Bardo de Guamaní* (nombre con que lo identificarán muchos investigadores). A su regreso en 1866, se establece en la ciudad de Ponce y funda, junto a otros intelectuales, El Gabinete Ponceño de Lectura. Comienza la publicación de la revista literaria *La Azucena* dedicada al desarrollo intelectual de la mujer. Posteriormente se mudará a San Juan y ayudará en la fundación de la Asociación para la Buena Música y del Ateneo Puertorriqueño, donde dictó varias conferencias sobre arte, estética y literatura.

En 1868 publica y estrena su más extenso drama romántico con el título de *Camoens*, presentado por la compañía de Gonzalo Duclós. La acogida fue impresionante. En 1872 lo lleva a Ponce la Compañía de Annexy;

en 1873 vuelve a San Juan con la misma Compañía; en 1877 y luego en 1878 vuelve a reponerlo la Compañía de Astol Prado. La pieza está basada en los amores eternos del poeta lusitano Camoens, cantor de la grandeza de Vasco de Gama.

En 1869, la Compañía Robreño le estrena en Ponce el monólogo trágico *Hero*. En ese mismo año re-escribe Tapia la famosa pieza *La cuarterona* (publicada anteriormente en 1867) en la que ya el escritor aparece profundamente preocupado por los conflictos sociales que reflejaba el cuadro colonialista del momento. Es el Tapia antirracista.

Se casa en Madrid con María del Rosario Díaz Espiau, con la cual tuvo cuatro hijos. De tal amor hablarán sus poemas y narraciones, como su famosa novela alegórica *Enardo y Rosael* (publicada en *Misceláneas* en el 1880).

En 1872 da a la luz el monumental drama *Vasco Núñez de Balboa*, estructurado, perfectamente, a la manera del Neoclasicismo; y sobre todo, siguiendo al pie de la letra las famosas reglas de las tres unidades de Tiempo, Lugar, y Acción. Una joya de nuestra dramaturgia histórica-neoclásica. El destino trágico-político del famoso Vasco Núñez de Balboa es el tema central alrededor del cual gira la trama de la pieza. Ese mismo año la Compañía Robreño lo estrena en San Juan el 9 de noviembre, y lo repone en el mes de diciembre. Aparece publicado al año siguiente.

En 1875 es nombrado director interino del periódico *El Agente*. Viaja extensamente por Europa visitando Francia, Inglaterra, España e Italia. En 1877 se le estrena, en el Teatro Moratín de San Juan, por la Compañía Robreño, su drama *La cuarterona*. Finalmente, se publica y escenifica su última pieza, *La Parte del León*, en el año de 1880, por la Compañía Annexy en San Juan. Es la más cercana al Realismo Social ibseniano.[4]

---

[4] Alusivo a Henrik Ibsen (1828-1906), dramaturgo noruego.

Muere dos años más tarde, el 19 de julio, de un repentino ataque cerebral mientras hacía uso de la palabra en el Ateneo Puertorriqueño, ante la junta directora de la Sociedad Protectora de la Inteligencia.

Además de las obras mencionadas, fueron producto de su pluma los siguientes trabajos: *Poesías*, *La Sataniada* (poema épico), *La Antigua Sirena* (leyenda), *La Leyenda de los 20 años* (novela), *A orillas del Rhyn* (novela), *Cofresí* (novela), *Póstumo el Transmigrado* (novela psicológica), *Póstumo el Envirginiano* (novela psicológica), *Cuentos y artículos varios, Conferencias sobre estética y literatura, Mis memorias o Puerto Rico como lo encontré y como lo dejo, Noticias sobre la vida y obras de José Campeche, y Noticia histórica sobre Ramón Power (biografía).*

EL ECLECTICISMO DE LA OBRA ENTRE EL ROMANTICISMO Y EL REALISMO

Tema y asunto:
¿Un tema romántico o realista? Este es un aspecto todavía controvertible de uno de los dramas más conmocionantes de Alejandro Tapia y Rivera. Durante muchos años se ha sostenido lo primero, por caer Tapia bajo los últimos influjos del famoso movimiento del Romanticismo.[5] Sin embargo, se han obviado mucho los grandes

---

Máximo exponente del drama realista. Entre sus obras figuran: *Casa de muñecas, Hedda Gabler, Brand, Peer Gynt, Espectros, Un enemigo del pueblo,* etc.

[5] Véase Francisco Arriví y la introducción a la publicación de las obras del *Décimo Festival de Teatro Puertorriqueño*, San Juan: I.C.P.R., p. 11; Emilio S. Belaval, "Redescubriendo a Tapia" publicado en el periódico *El Mundo* el 11 de diciembre de 1949, p. 9; Wilfredo Braschi, *Apuntes sobre el teatro puertorriqueño*, pp. 19-21; Manuel García Díaz, *Alejandro Tapia y Rivera: su vida y su obra,*

empujes que durante la década de los setenta (1870-79) ejercía ya el apabullante y arrasante movimiento del Realismo Social.[6] Tapia no estaba ajeno a esas grandes oleadas "modernas" que parecían imponerse aceleradamente en todas las manifestaciones de la vida humana, sobre todo en el arte, la literatura y el teatro. Ese Realismo Social que, desde Francia hasta Estados Unidos, parecía ya revolucionar para siempre el universo del teatro, hacía sus incursiones, y aparentemente más de lo que nos imaginamos, en nuestra Isla, tan temprano como en esos años setenta.

Las *Conferencias sobre estética y literatura* que dio Tapia en el Ateneo durante esa década, dejan claro la posición, muy a conciencia, que tenía este escritor sobre tan importante movimiento. No vamos a entrar en detalles sobre ello; pero una ligera observación vale la pena; Tapia expuso muy claramente en varias de ellas sus preocupaciones al respecto. Su posición resultaba algo contradictoria, lo que es comprensible. Por un lado, condenaba los

---

Editorial Coquí, 1964 (también la p. 104 del libro *Literatura Puertorriqueña 21 Conferencias*, San Juan: I.C.P.R., 1960); Angelina Morfi, *Historia crítica de un siglo de teatro*, San Juan: I.C.P.R., 1980, pp. 47-71; Emilio S. Pasarell, *Orígenes de la afición teatral en Puerto Rico*, 1951, pp. 101-328; Josefina Rivera de Álvarez, *Literatura Puertorriqueña 21 Conferencias*, San Juan: I.C.P.R., 1960, p. 50; y Antonia Sáez, *El teatro en Puerto Rico Notas para su historia*, pp. 15-42.

[6] Sobre este asunto cabe destacar el "Directorio para el montaje de una obra de teatro de Don Alejandro Tapia y Rivera" del libro *Tapia ayer y hoy edición conmemorativa 1882-1982*, Santurce, Biblioteca Madre Teresa Guevara U.S.C., 1982, pp. 75-111, donde se analiza la fuerte influencia de dicho movimiento en una de las últimas obras de Tapia. En él se demuestra que Tapia poseía las características de ese género tan revelador, que se popularizó con el Realismo y que todavía persiste, llamado "Melodrama"; aunque éste también fue atractivo para el movimiento Romántico (véase p. 296 del libro *The Enjoyment of Theatre* de Kenneth Cameron y Patti Gillespie, New York: Mac Millan Publishing Company, 1992), se exaltó más con la llegada del Realismo y del Naturalismo.

anquilosados moldes del teatro "actual" (es decir, el teatro con el lastre, patente aún, del Romanticismo), y por otro lado, aunque simpatizante y abierto a las nuevas corrientes, repudiaba ciertos aspectos del Realismo que consideraba degradantes.[7] Los temas, por ejemplo, no fueron tratados directamente, como demuestran sus observaciones críticas. Éstas, más bien, se dirigían a atacar la manera de desarrollar el asunto. Y era de esperarse. Por un lado, el Realismo planteaba la necesidad de arrancarle a la vida, a la cruda realidad política y social que vivía el hombre, sus temas fundamentales,[8] y con esto Tapia estaba de acuerdo. Por otro lado, los asuntos quedaban libres de tratamiento, y es el tratamiento lo que Tapia

---

Una explicación más detallada a este respecto aparece en el capítulo 14: "Tragedy and other Serious Dramas" del libro *The Theatre Experience*, pp. 257-275, donde se definen los géneros de Tragedia, Drama Histórico y Melodrama. En ese mismo libro se presenta una tabla (pp. 419-420) donde se establece la diferencia entre las obras realistas y las no realistas, usando como base el asunto, la estructura dramática, los personajes, el lenguaje, y el aparato escénico.

Para tener una idea más clara de lo que representó este movimiento, véase el capítulo VII: "El advenimiento del Realismo" (pp. 255-298) del libro *Las edades de oro del teatro*, de Kennet MacGowan y William Melnitz. También los capítulos 14, 15, y 16 del libro *The History of the Theatre* de Oscar Brocket, pp. 363-504.

[7] Angelina Morfi, en su libro *Historia crítica de un siglo de teatro*, pp. 48-53, aborda extensamente este aspecto de Alejandro Tapia y Rivera, tomando como base las *Conferencias sobre estética y literatura* que dictó Tapia en el Ateneo, y que fueron publicadas en 1888, luego de su muerte. Son sorprendentes sus juicios y comentarios acuciosos en torno a ciertos asuntos nuevos que se venían debatiendo alrededor del movimiento realista, como en "Happy ending", "Acciones de buena ley", "Lógica de acciones", etc. Refiero al lector a la 2da. parte de su libro *Conferencias sobre estética y literatura*.

[8] Véase "Antoine and the Theatre Libre" pp. 470-472 y *"Zola and the French Naturalist"* pp. 468-470 del libro de Oscar Brocket ya citado, donde se establecen los "moldes", las directrices de los dramas realistas. En ellos los asuntos eran cardinales. Éstos tenían que ser como "tajadas de la vida humana".

critica. En sí, el movimiento realista conllevaba un acto
de protesta, cruda y abierta, contra ese enajenante sentido de trascendentalidad y pasionalidad que había arro-
pado la temática del Romanticismo. Lo que se pretendía
en escena no era ya encender la llama del héroe engran-
decido por el sufrimiento de sus pasiones psicológicas,[9]
sino una llama más de profunda conciencia colectiva.

Un tema como el racismo imperante en la América
colonial, producto de otro avatar social, la institución es-
clavista ya en decadencia y prostituida por toda la corrup-
ción e ignominia de los amos, caía más bajo la fuerza del
último movimiento que bajo la frágil agonía de lo romántico. Con *La cuarterona*, Tapia inicia su tendencia hacia
el naciente Realismo Social. Sus incursiones son más que
claras en el recién nacido movimiento, aunque, fuera del
tema central, siguen los vestigios románticos jalonándose
formalmente o largo de éste y de otros dramas (véase su
última pieza *La Parte del León* y las páginas 75-111 del
libro *Tapia ayer y hoy...*)

Esto quizás no haya sido tan inconsciente como muchos han pensado; pues, a pesar de que el diálogo proyec-
ta un espíritu totalmente romántico, a pesar de que su
palabra aún tiene ese sabor del amargo y atormentado
Romanticismo—más que romanticismo, sentimentalismo—,[10] la fuerza de su conflicto dramático, que sostiene
toda la acción del drama, no reza sobre las pasiones ator-
mentadas de los personajes en general, sino que está enraizada en un problema social que agobia la conciencia de
aquellos que son sus súbditos. Aun las palabras de Julia

---

[9] Los mejores ejemplos de ello lo constituyen los dramas *Camoens*
(el más romántico y el más extenso en las unidades de acción y de
tiempo), *Bernardo de Palissy...* (la muerte por tristeza), y, en cierta
medida, *Roberto D'Evreux* (la conciencia pasional contra la conciencia o responsabilidad política).

[10] Esto también lo encontramos en su último drama *La parte del
León*, donde se tiende ya más al género del Melodrama.

(la cuarterona), dotadas de una belleza lírica y romántica tan apabullante, evidencian el conflicto social del que hablamos. Su dolor espiritual es producto de una clara condición social: es un dolor de conciencia moral del cual no puede salirse.

Muere de tristeza, como todo romántico, es cierto. Su autocastigo, ese envenenamiento voluntario por saberse impotente, despechada ante su situación de mulata con un cuarterón de sangre africana, no viene de las profundidades de su corazón, alma y sentimiento, únicamente. Procede también de una actitud muy lógica, porque es producto de una situación social degradante que envilece a las personas, que las aturde y las degrada como seres humanos. Ella misma lo confiesa:

> el sudor baña mi frente, es el hielo, y sin embargo en ella hay algo que me quema. Esta mancha... ¿no ves esta mancha?... ...Una mancha que debe ser visible porque todos la ven, todos me la echan en cara... Y sin embargo esta mancha no es la del crimen: la tuve desde mi primer instante, nací con ella... ella es mi pecado original, ¡pero sin redención, sin redención! {escena XI, Acto III}.[11]

Estamos ante un personaje romántico que encarna un problema muy típico del Realismo Social. Una situación contradictoria; ¿paradójica? No necesariamente. Simple y sencillamente un ingenioso ardid dramatúrgico que combina hábilmente dos estilos que son genuinamente legítimos. La perfección en la interdependencia de ambos revela, al menos como posibilidad, que Tapia sabía a conciencia que se movía en ambas aguas; que sí sabía lo que estaba construyendo; que sí intentaba plasmar una nueva maniobra estilística, combinando estos dos estilos. Y probablemente un tercero, como el neoclásico. Pero este

---

[11] *Teatro Puertorriqueño Décimo Festival*, San Juan: I.C.P.R., 1969, p. 377.

último no nos compete por ahora; aparte de que, en estos momentos, ya el dramaturgo lo había superado grandemente, y es poco lo que del mismo se mantiene en esta pieza. Sólo señalaremos que, en cuanto al asunto, la obra posee las siguientes características del Neoclasicismo dieciochesco: equilibrio en la concatenación de las escenas, con un desarrollo de la trama de forma ordenada y lógica, en cuanto al tiempo; razonamientos en los momentos de tensión a través del uso del monólogo; y presentación de lo que acontece en escena con una intención moralizadora, didáctica y sentenciosa.

Estructura dramática y ambiente:
Si seguimos al pie de la letra la fórmula que sugería el movimiento del Realismo para su estructura dramática, *La cuarterona*, la llena a saciedad. Un primer acto expositivo, introductorio de los personajes centrales del conflicto, en el que se explican las previas circunstancias que llevaron a la cuarterona Julia a enamorarse del señorito de la casa, el hijo de la Condesa, de nombre Carlos; un segundo acto de complicación, en el que se llega al famoso punto culminante, al cierre del nudo dramático, del choque ineludible, donde se enfrentan directamente las fuerzas en pugna de la madre y el hijo, con la famosa escena obligatoria que todos esperan, donde todos sabrán de los amores entre Carlos y Julia, por lo que no podrá celebrarse la boda del hijo de la Condesa con Emilia, la hija del capitalista don Críspulo; y un tercer acto de resolución, de recapitulación, de conclusión, para cerrar el drama, constituido por la muerte de Julia, la cuarterona, y la revelación de una gran verdad: ella es hija de don Críspulo y de la mulata María.

De esa manera, la estructura formal de los tres actos está construida con efectividad y claramente delineada. Hay en ella gran unidad de acción, pues enfoca todo el desarrollo de la trama hacia un punto donde (como en todo buen drama realista) van a chocar inevitablemente los intereses del ser humano con una realidad que se impone. Esa unicidad es vital para cumplir aquello que los norteamericanos llamaron el *well-made play*, y que surgió como producto de todos los experimentos que llevó a cabo el Realismo.

Además, el equilibrio, en cuanto al transcurso del tiempo durante los actos (que no ha de entenderse como la unidad de las 24 horas en el Neoclasicismo), es sólido y tiene casi el mismo trayecto en cada uno de los actos. Ello permite una estructura de acción más lógica, más de acuerdo con el probable desarrollo de la realidad. Rasgo también fundamental en todo drama realista: la verosimilitud con la vida misma.

Es una estructura dramática perfectamente realista. Según este movimiento literario, el cierre de esa estructura, el final del drama (una de las cosas más importantes que señalaba el Realismo para lograr la perfección técnica), ha de contener una explícita "moraleja social"[12] que se desprenda del tema central sobre el que se estructuró toda la pieza.[13] A diferencia del Neoclasicismo, el objetivo moralizador debe tener aquí la intención de tratar de despertar en el espectador el deseo de interpretar lo que ha acontecido en escena, y no sólo de recordarlo. O, dicho de otro modo, si se recuerda, ha de ser, en última instancia, para que se interprete.

---

[12] Véase Emile Zola "Preface to Therese Raquin" en *European Theories of the Drama* por Barret H. Clark's (Editor), N.Y.: Crown Publishers, Inc., 1977, pp. 376-379. También las páginas 291-294 del libro *The Enjoyment of Theatre* de Kenneth Cameron y Patti P. Gillespie.

[13] Una de las funciones sociales que el Realismo le adscribió al teatro era el ser (o convertirse) en un resorte emocional para tomar conciencia de los males que se abaten sobre nuestra sociedad. El teatro tenía que ser crítico, con rabia y sin tapujos, y debía desnudar la realidad en la escena con toda la crudeza necesaria.

En ésta, y en otras piezas que Alejandro Tapia y Rivera escribió posteriormente, este elemento particular se observa con toda claridad. No es casualidad que la obra termine con las palabras de Carlos que, pronunciadas en un momento de aguda y máxima tensión dramática, llevan toda la carga de una expresión resolutiva; ni mucho menos que ellas se pronuncien de forma sentenciosa, como una inequívoca conclusión. Veamos:

> Dejadme: este matrimonio, hijo de la mentira, es nulo ante Dios y ante mi conciencia: ¡Lo rechazo! (*Yendo a inclinarse sobre el cadáver de Julia*) ¡Julia! ¡Ídolo mío! Sólo la mentira pudo apartarme de ti; pero si vivieras, nadie, lo juro, podría arrancarme de tus brazos. *La abraza y llora con desesperación. D. Críspulo contempla a Julia aterrado. Emilia se cubre el rostro como si el dolor fuera una vergüenza...*[14]

Esa frase de: "...ante mi conciencia..." es una auténtica y clara alusión a una responsabilidad mayor, a una escala de valores que responde, no a sentimientos individualistas y egoístas, sino humanos y colectivos, a una moral social que trasciende las fuerzas internas de la pasión; aunque éstas no se descartan, como ingredientes que son del conflicto. Y es precisamente esa tendencia, esa nueva vertiente, que consiste en inclinar la balanza del conflicto dramático hacia el extremo de las fuerzas sociales, lo que ha de definir la estructura dramática del llamado Realismo Social.

La cuarterona patentiza esa nueva corriente. A lo largo de ella se mantiene la discusión de un tema con profundas implicaciones sociales. Quizás el tratamiento tiene pinceladas románticas. Quizás fue muy circunscrito a los amores puros entre los dos amantes. Pero así fue también otro monumental drama de inicios del Realismo, *La dama de las camelias* de Alejandro Dumas. La Margarita Gautier, enamorada con la pureza de sus sentimientos,

---

[14] *Teatro Puertorriqueño Décimo Festival*, p. 384.

muere de amor. Sin embargo, su situación es producto de una sociedad que la desechó y la hizo una prostituta. Ella es reflejo del estado de descomposición social de una Europa corroída por tantos males sociales que atormentaban a sus víctimas. Esas condiciones fueron envenenándola físicamente hasta hacerla un triste guiñapo humano que se pudre desmoronándose por la tuberculosis y soportando su dolor de mujer "extraviada" que le oprime el alma. Ambas mujeres son el producto de los males y prejuicios sociales que padecían, a mitad del pasado siglo, las dos sociedades a que pertenecían. Lo grande de Tapia fue precisamente adoptar el "nuevo teatro" a las condiciones propias de nuestra América en nuestro mundo caribeño.

Sin embargo, volvemos a ese "zigzagueo" estilístico de Tapia que juega, de un lado o de otro, con ambos movimientos. Por eso, a diferencia de lo que sucede en el drama francés, el ambiente anímico en que se inscribe la pieza de Tapia traiciona la convenciones del Realismo. Lo sórdido, lo lúgubre, lo patético, no aparecen, ni siquiera veladamente, en la creación de Tapia. En esto mantuvo la esencia de la "pureza romántica". Los niveles "superiores" de los seres humanos, tanto emocionales en su escala de valores morales como circunstanciales, que profesaban los románticos, se mantienen en el drama de Tapia.

Es la aristocracia de estos lares, con sus actitudes y estilos de vida, la que crea e impone un ambiente de elegancia y distinción. Todo ello a pesar de la fuerte crítica social con que es tratada. No hay, sin embargo, esa sensación de agobio. Las clases están claramente definidas y separadas. No existe la irrupción degradada de la una en el ámbito de la otra.

En la pieza francesa sí. Es una supuesta aristocracia porque resulta falsa. Es una podrida elegancia. Es la prostitución en la estructura del poder aristocrático.

Pero el hecho es que Tapia quiso con su teatro retratar una situación muy particular de estos confines. De manera que su ambiente tenía que ser de esa naturaleza porque dicha aristocracia, a pesar de comenzar su ocaso económico, todavía gobernaba y establecía las normas, estilos, costumbres y leyes de la sociedad en que imperaba. Aun el personaje de don Críspulo, que representa el advenimiento de la emergente clase burguesa, aparece payasesco, ridículo y apocado en cuanto a su educación. Es un burgués sin "roce social", en contraste con lo que venía aconteciendo en Europa, donde la burguesía se había aristocratizado, y había dado un gran impulso al desarrollo del pensamiento más avanzado, para aquel entonces, en materia de arte, ciencia, educación, literatura, etc. Hay, por lo tanto, en *La Cuarterona*, un fino y claro ambiente que domina todo el espacio físico de la escena. Dado su componente romántico, ese ambiente influye en toda la gama de acciones y situaciones que se presentan en la acción. La hija de Don Críspulo, por ejemplo, intenta que éste se eleve, procurando salvar las situaciones. Anhela los niveles superiores de esa decadente aristocracia, y trata de comportarse como ella.

La servidumbre, aparte de ser conformista, hace lo mismo. Aguanta. No se muestra rebelada. Se mantiene en el sitio predestinado para ella. Sólo la cuarterona "gozó" de una posición más privilegiada de la que le correspondía, y esto le costó la vida. Sobre ella Tapia construyó un estado anímico de elevados sentimientos y de actitudes románticas, entre las cuales, el sacrificio es recibido con un alto sentido de estoicismo. Es casi una heroína clásica, trágico-romántica, porque acepta su "culpa", porque quiso enfrentarse a su destino, "lavar" su mancha, y no pudo. Su aflicción es un vivo ejemplo del fuerte espíritu romántico que domina la pieza.

Tapia, con este personaje, quiso revelar la condición política de una América, de un Caribe, de unas Antillas, que vivían períodos de desgarradora transición, en lucha contra "unos destinos sociales" amenazantes.

Por eso surgió un drama realista con la fuerza de un personaje profundamente romántico.

Caracterización y lenguaje:

La perfección en el diálogo, que caracteriza a unos personajes vivos, auténticos, coherentes con sus pensamientos y acciones, adquiere en *La cuarterona* una plenitud digna de alabar. Quizás sea por esa razón por lo que esta pieza del dramaturgo ha sido la más representada y aplaudida en más de un siglo de existencia.[15] Logra Tapia hablar con un lenguaje muy acomodado a cada personaje, sin menoscabar la esencia de su mensaje, tanto filosófico como social. Una de las metas de todo dramaturgo es siempre ésa: lograr, con el diálogo y las palabras, definir, caracterizar (hasta la saciedad), el comportamiento humano. Que cada personaje se proyecte como lo que es, como un ser viviente de carne y hueso, como una persona que se expresa con la coherencia de su condición de clase, de su condición educativa, de su condición histórica, de su formación moral; que se expresa conforme a su pensamiento y su ser social. Que sus palabras y acciones sean reflejo, no sólo de sus ideas, sino también de sus actitudes, de sus sentimientos y, sobre todo, de su trasfondo socio-cultural.

Cada personaje de *La cuarterona* logra proyectarse en esa dirección sin perderla en ningún momento. Así se

---

[15] En el 1949, y bajo la dirección del director español don Cipriano Rivas Cherif, se seleccionó para inaugurar la restauración del Teatro Municipal de nuestra Capital con el nombre de Teatro Tapia. En 1967, y bajo la dirección de la Dra. Piri Fernández de Lewis, vuelve a reponerse en el Teatro Tapia en conmemoración del centenario de su existencia y con ocasión del Décimo Festival de Teatro Puertorriqueño. Vuelve en 1982 para el Vigésimo-tercer Festival de Teatro Puertorriqueño. En el 1988, la monta Producciones Bambalinas para el Undécimo Festival de Teatro de Caguas, y la Productora Nacional de Teatro la incluye en su gira por varios municipios de la Isla.

alcanza la excelencia en la verosimilitud dramatúrgica,[16] haciendo de la caracterización de cada personaje una obra de perfecta ingeniería técnico-dramática. Al leer el drama, también al verlo y escucharlo, notamos las grandes diferencias que existen entre los personajes. El uso de frases cortas, por ejemplo, son típicas de don Críspulo. El rebuscado orden sintáctico tiene variaciones en los personajes de la nobleza. Unos más que otros juegan con la elegancia en el decir. El tono en otros define su carácter, sus ideas y sus pensamientos en escena. Ejemplo de ello es esa picardía, esa despreocupación y ese oportunismo que destilan las palabras y las discusiones de Luis, el amigo de Carlos. Jamás se escucha esto en boca de Carlos o de la misma Emilia (aunque también en cierta medida oportunista), hija de don Críspulo.

La misma tonalidad persiste, de principio a fin, en el personaje de Julia, la cuarterona. Es sorprendente como Tapia sostiene esa línea ininterrumpida, que va definiendo quién es ella, a lo largo de su ascendente acción, incluso en los momentos de mayor tensión, en las situaciones de tortura cuando tiene que tomar decisiones. Julia se mantiene a su altura de heroína trágica, y su vocabulario se engrandece con un lirismo tal que afianza el grado de caracterización de su particular personaje: una triste cuarterona, condenada por su situación.

Es interesante señalar que el personaje de la condesa se queda todo el tiempo sin nombre. Siempre aparece, y se hace referencia a ella, en su condición de Condesa, nunca se alude a ella por su nombre. Probablemente haya un interés en crear un símbolo alusivo a la clase social que representa y a los sentimientos que la llevan a obrar

---

[16] "En la dramaturgia clásica, la verosimilitud es lo que, en las acciones, los caracteres, la representación, le **parece verdadero** al público"—p. 534 del libro *Diccionario de teatro, dramaturgia, estética, semiología* de Patrice Davis. La definición es más amplia y explicativa. Abarca hasta la página 536.

en la forma que lo hizo. Ella es eso, una condesa y nada más. Como tal tiene que comportarse y presentarse así ante los demás. Es una especie de indefinición de su personalidad interna, donde otras fuerzas, y no las suyas, dominan su propio ser y la hacen actuar conforme a leyes pre-establecidas. También éste es otro de los datos que caracterizan al Romanticismo. Ese verse en duda, con el problema o el aura de la indefinición, lo logró bastante bien Alejandro Tapia en su primer ejercicio dramático titulado *Roberto D'Evreux*, donde, en una muy conmovedora escena, se revela esa duda de hacer lo que se tiene que hacer. La reina tiene que luchar contra dos sentimientos contrapuestos para tomar una decisión: firmar o no la condena de su amante que conspiró contra ella. Este detalle también rige el estilo romántico, máxime si se satura de suspenso. En esto último Tapia sigue la fórmula con rigurosa exactitud.

Con relación a la emoción, ésta también tiene un tratamiento totalmente romántico. Dirige casi todas las acciones de los personajes. En unos pocos, es sólo el interés lo que los motiva a actuar, pero son la fuerza de los más importantes, las tensiones del conflicto y las manifestaciones del "placer" romántico, las que dominan la mayoría de las acciones y situaciones que se van montando. De hecho, el tiempo dedicado a justificar y motivar la conducta que caracterizará a estos personajes, es mayor que el dedicado a los demás. Hay un derroche de sentimentalismo que raya, para nuestros tiempos, en lo cursi e improbable. Sin embargo, dentro de su época, sí era todo muy creíble, y quizás la caracterización, a ese respecto, pudo haber sido trabajada un poco más; pero es muy posible que a Tapia le interesara más apelar a lo que apelaban los realistas, al contenido económico-social, que a la pasión por sí misma. Esta meramente era usada como resorte para levantar conciencia. De hecho, aquí no es una pasión desordenada, brutalmente atormentada,

enraizada en la locura, en el desquiciamiento, sino algo
más simple y sencillamente más sentimental y tranquilo;
una pasión muy controlada en su aspecto destructivo.

La parquedad de sus diálogos, a diferencia de otros
dramas, como el *Bernardo de Palissy*... y sobre todo el gi-
gantesco *Camoens,* hace pensar en que el autor ya estaba orientando sus intenciones al recibimiento del drama
nuevo.[17] Se percibe una gran fluidez en el decir de las personas, una especie de conversación realista. Tan así es,
que los apartes fluyen con gran soltura, son muy cortos y
no interfieren con el desarrollo de la acción. En este sentido, son más fáciles para expresarse y plasmar, de este
modo, una buena caracterización, sobre todo en el curso
de la interpretación teatral. También por eso resultan de
mayor fuerza y vigor dramático. De manera que se hace
fácil la excitación de los sentimientos de la audiencia, y
la empatía[18] con los espectadores resulta efectiva.

Finalmente, esa manifiesta logicidad en el lenguaje,
ese evidente acercamiento a las maneras en que las personas se expresan en la realidad, aproxima también el
estilo, definitivamente, al mundo del Realismo Social más
que al escénico-artístico del Romanticismo, donde la bre-
cha entre actores (personajes) y espectadores es enorme,
abismal. *La cuarterona* provoca así un mayor contacto.
Hay mayor interés en penetrar la conciencia colectiva de
los observadores y, como en toda intención realista, en
provocar una reacción hacia las condiciones sociales que
se presentan en escena. Algo tenía que tener Tapia en
mente, en este sentido, para construir una prosa tan sim-

---

[17] El Realismo.

[18] Concepto desarrollado en *La Poética* de Aristóteles para descri-
bir el efecto que, entre otros, las tragedias griegas buscaban provocar en el espectador. En el libro *Diccionario de teatro...,* p. 263 se
describe como sinónimo de "identificación": "proceso de ilusión del
espectador que imagina ser el personaje representado (o el actor que
entra {en la piel} de su personaje)".

ple y coloquial, si la comparamos con la del resto de las piezas que precedieron a *La cuarterona*. Es innegable que de esta manera se logra captar más directamente la atención del espectador que, por ejemplo, con el verso o una prosa más rebuscada. Provocar la total atención hacia lo que está aconteciendo en escena constituyó una importante búsqueda en los escritores del Realismo.

Palabras finales—un eclecticismo válido:

La cuarterona trae un cambio en la trayectoria, como dramaturgo, de Alejandro Tapia. Es la primera obra que lo inclina a inspirarse en nuestro medio americano, sobre todo en los problemas "contemporáneos" de aquella realidad que se vivía y se sufría; y la única que se orientó, **clara y explícitamente**, a estas tierras, "retratando" en escena (como hacían los dramaturgos realistas) una dura, injusta y desgarradora realidad.

Algo también debió tener en mente el escritor (aparte, por supuesto, de evadir la censura oficial), cuando decidió situar la acción de la pieza en la ciudad de La Habana-Cuba para la década de los sesenta del pasado siglo, y usar personajes de esos contornos que enfrentan unas situaciones tan claramente propias de nuestra situación nacional. Y es que allí, como en nuestra patria, se sufría la repulsiva y mísera actividad económica del esclavismo.

Este cambio fue crucial para el dramaturgo, y fue producto de una serie de eventos históricos, políticos, económicos y sociales que se gestaban en nuestros suelos. Fue crucial porque significó una transformación muy abrupta y profunda en toda su trayectoria de autor dramático.

Corrían los convulsivos años sesenta. Toda América era un hervidero de protestas, luchas y guerras emancipadoras. En ambos extremos del Caribe hispanoparlante se gestaban las conspiraciones de Lares y Yara. Las colonias vivían momentos duros y traumáticos. Los abolicionistas luchaban denodadamente por la eliminación total y final de la esclavitud. El dramaturgo había subscrito un documento sobre reformas liberales para Puerto Rico, y acababa de publicar en 1867 el primer boceto del "atrevido" y "peligroso" drama que estamos analizando. Le estrenan en 1868 su romántico *Camoens* con una acogida impresionante (véase el esbozo presentado previamente) producto del gusto que todavía tenía el espectador boricua por el Romanticismo.

Hacía falta un cambio, en todos los aspectos de la actividad dramática, que rompiera con el enajenante mundo de la trascendentalidad que imponía el viejo y ya anquilosado movimiento romántico, y que aparentemente no parecía satisfacer ya los intereses políticos y las preocupaciones sociales e intelectuales del artista maduro.

Esto es lo que representó el trabajo de *La cuarterona*: una total transformación estilística en la dramaturgia de Tapia, que resultó más ecléctica, más autónoma de reglas pre-establecidas, más libre, más a tono con ese nuevo espíritu americano que estaba haciéndose sentir. Más abierta, por lo tanto, a las nuevas corrientes que traía el movimiento en gestación. Recordemos nuevamente que la obra fue escrita y publicada en 1867, re-escrita en el 1869, y representada en 1877. Hasta donde se tiene conocimiento, es la pieza más depurada antes de su primera escenificación. También debemos entender que Tapia se encontraba en la década de los setenta en el pináculo de su carrera artística. Había alcanzado la cúspide de la intelectualidad isleña.

Surgió así un Alejandro Tapia y Rivera más original y auténtico como escritor de teatro, con un agudo y perfecto dominio de las técnicas dramáticas (tanto neo-clásicas como románticas y realistas), con un estilo propio, afinado en un lenguaje conciso, claro y expresivo, con un total dominio del recurso de la caracterización dramática, con una capacidad para expresar ideas y sentimientos de manera convincente, creíble y legítima.

Un Tapia que sabía combinar, con sabia armonía y efectividad, todas las técnicas dramático-literarias, hasta ese momento conocidas, para hacer del teatro su legítimo y válido instrumento de comunicación.

Un Tapia en la plenitud de su creación, cuya prolífera personalidad literaria lo había llevado a incursionar extensa y exitosamente en todos los géneros literarios.

Un Tapia que ejemplarizó las ideas intelectuales de su tiempo, dominadas por el pensamiento del Positivismo, que anhelaba una sociedad libre de ataduras, fronteras y barreras nacionales de clase alguna, y que visualizaba un estado ideal de beneficios colectivos, donde la única clase social sería la del intelecto.

Un Tapia con un carácter "teológico, cósmico, humanitario", como bien dijera Doña Josefina Rivera de Álvarez en la página 50 del libro *Literatura puertorriqueña 21 Conferencias*.

Un Tapia promotor del saber intelectual del país, padre de nuestra historiografía, de nuestra literatura y de nuestro teatro.

La cuarterona es la pieza que, en el género del drama, define mejor ese estilo de vida intelectual que ejemplarizó la figura de Don Alejandro Tapia y Rivera: el Eclecticismo.

BIBLIOGRAFÍA

Bibliografía general:

Brockett, Oscar. *History of the theatre* (3 edition). Boston: Ally and Bacon, Inc. 1977.

Cameron, Kenneth M. and Patti P. Gillespie. *The enjoyment of the theatre* (3 edition). New York: MacMillan Publishing Company, 1992.

Clark's, Barret H. *European theories of the drama*. New York: Crown Publishers, Inc. 1977.

MacGowan, Kennet y William Melnitz. *Las edades de oro del teatro* (Traducción de Carlos Villegas, revisión de Julio Prioto). México: Fondo de Cultura Económica, 1964.

Pavis, Patrice. *Diccionario de teatro, dramaturgia, estética, semiología*. Barcelona: Ediciones Paidós, 1983.

Teatro Puertorriqueño Décimo Festival (Introducción de Francisco Arriví). San Juan: I.C.P.R., 1969.

Bibliografía de y sobre Alejandro Tapia y Rivera:

Acosta, Emilio Vicente. *Alejandro Tapia y Rivera and his Cultural Contribution to Puerto Rico*. Urbana (Illinois): 1927.

Acosta, José Julián. *Juicio crítico sobre "Roberto D'Evreux"*. San Juan, Puerto Rico: Imprenta Sancérrit, 1856. (También bajo el *Boletín Mercantil* del 24 de diciembre de 1856.)

Alfau y Baralt, Antonio. *Tapia y La Sataniada*. San Juan, Puerto Rico: 1880.

Andreu, César. "Doloroso amor de Don Alejandro Tapia y Rivera", *El Mundo* (San Juan), 19 de junio de 1935.

Aponte Alsina, Marta y Edgar Quiles Ferrer. *Tapia ayer y hoy: edición conmemorativa 1882-1982.* Santurce: Biblioteca Madre María Teresa Guevara de la Universidad del Sagrado Corazón, 1982.

Astol, Eugenio. "Alejandro Tapia y Rivera" (estudio), *El Libro de Puerto Rico. San Juan:* El Libro Azul Publishing Co., 1923, pp. 973-976.

_____. "Anotaciones, Tapia", *Puerto Rico Ilustrado* (San Juan), 23 de octubre de 1929.

Baldorioty de Castro, Román. *"Bernardo de Palissy o el heroísmo del trabajo"* (crítica), *Revista La azucena*, I, número 8 (31 de enero de 1871): pp. 58-60. (También apareció en el periódico *El Mercurio*, 1857.)

_____. "La audacia de la razón investigadora ante el prodigio: reflexiones inspiradas en *La Sataniada de Tapia*", *Puerto Rico Ilustrado*, 1931.

Belaval, Emilio S. "Redescubriendo a Tapia", *El Mundo* (San Juan), 11 de diciembre de 1949, p. 9.

Betances Jaeger, Clotilde. "Estudio crítico sobre La *Parte del León...*", *Gráfico* (Nueva York), números 32, 33, y 34 (10,17 y 24 de agosto de 1929).

Bonafoux, Luis. *" La Parte del León"*, *Ultramarinos*. Madrid: 1882, pp. 162-173.

Braschi, Wilfredo. *Apuntes sobre el teatro puertorriqueño.* San Juan: Editorial Coquí, 1970. (Véase páginas 19-21.)

Brau, Salvador. "Alejandro Tapia y Rivera", *Ecos de la batalla (1ra. serie)*. San Juan, Puerto Rico: Imprenta González Font, 1886, p. 136.

_____. "A la juventud puertorriqueña en la muerte de Don Alejandro Tapia y Rivera", Puerto Rico: 1883.

Castro Pérez, Elsa. *Tapia, señalador de caminos*. San Juan: Editorial Coquí, 1964.

Coll y Toste, Cayetano. "Biografía de Tapia", *Índice* (13 de febrero de 1930).

_____. "Expediente con motivo de la dedicatoria que ha hecho al Ayuntamiento Don Alejandro Tapia y Rivera, de su drama titulado *La parte del león* y homenaje de la ilustre corporación al autor (1879)", *Boletín Histórico de Puerto Rico*, X (1923): p. 40.

_____. "Puertorriqueños ilustres (Alejandro Tapia y Rivera)", *Boletín Histórico de Puerto Rico*, VII (1920): p. 321.

_____. "Puertorriqueños ilustres: Tapia", *El Carnaval* (1909).

_____. "Las reliquias de Tapia", *Boletín Histórico de Puerto Rico*, XII (1925): p. 312.

_____. "Tapia", *El portavoz* (1927).

_____. "Tapia en el Ateneo", *Boletín Histórico de Puerto Rico*, XII (1925): p. 181.

_____. "Homenaje de San Juan a Tapia", *Boletín Histórico de Puerto Rico*, X (1923): p. 40.

Collado Martel, A. "Tapia novelista", *Índice* (1930).

_____. "Alejandro Tapia y Rivera", *El Mundo* (1930).

Colón, Zoilo M. "Don Alejandro Tapia y Rivera", *El Buscapié* (1883).

Corchado, Manuel. "Don Alejandro Tapia y Rivera", Puerto Rico (1882).

_____. "Panorama de Tapia", *Índice* (1883).

Corretjer, Juan Antonio. "Alejandro Tapia y Rivera", *Pueblos Hispanos*, New York (1944).

Dalmau Canet, Sebastián. "Alejandro Tapia y Rivera: *La Sataniada*", *El Mundo* (1932).

_____. "Diálogos" (Comentarios en favor del diálogo en el ensayo "Adiós de Schubert" escrito por Alejandro Tapia y Rivera), *Revista La Azucena*, I, número 5 (15 de octubre de 1874): p. 1.

Estrella, Gabriel. "El último pensamiento de Tapia", Puerto Rico (1882).

Fernández Juncos, Manuel. "Alejandro Tapia y Rivera", *Antología Puertorriqueña*, New York: Hinds, Hayden & Eldredge, Inc., 1923, pp. 48-55.

_____. "Alejandro Tapia y Rivera", *Galería Puertorriqueña*, San Juan (1883).

_____. "Alejandro Tapia y Rivera", *Semblanzas Puertorriqueñas*, San Juan, Puerto Rico: 1888, p. 57.

_____. "Alejandro Tapia y Rivera", *Varias cosas*, San Juan, Puerto Rico 1884, pp. 181-201.

Fernández Marchante, J.R. "Alejandro Tapia y Rivera", *Puerto Rico Ilustrado* (1927).

Ferrer, Gabriel. "Discurso ante la muerte de Alejandro Tapia y Rivera", Puerto Rico (1882).

Ferrer, Heriberto. "Un centenario olvidado: Alejandro Tapia y Rivera, breve esbozo", *Claridad* (Santurce), del 24 al 29 de diciembre de 1982, Suplemento En Rojo, p. 25.

_____. "*La Cuarterona* de Alejandro Tapia y Rivera", *Claridad* (Santurce), del 26 de marzo al 1 de abril de 1982, Suplemento En Rojo, p. 9. [También en *Teatro Puertorriqueño en Acción (dramaturgia y escenificación)... de Edgar Quiles, San Juan: Ateneo Puertorriqueño, 1990, pp. 83-86.]

_____. "El festival de teatro de Caguas (*La Cuarterona* de Tapia)", *Claridad* (Santurce), del 14 al 20 de octubre de 1988, Suplemento En Rojo, p. 9. (También en *Teatro Puertorriqueño en Acción* ..., pp. 249-252.)

_____. "El Festival de Teatro Puertorriqueño y el por qué de un simulado boicot (*La parte del león* de A.T.R.)", *Claridad* (Santurce), del 20 al 26 de mayo de 1983, Suplemento En Rojo, pp. 14-15. (También en *Teatro Puertorriqueño en Acción* ..., pp. 174-180.)

_____. "Tercera Temporada de la Productora Nacional de Teatro (*La Cuarterona* de A.T.R.)", *Claridad* (Santurce), del 9 al 15 de diciembre de 1988, Suplemento En Rojo, p. 25. (También en *Teatro Puertorriqueño en Acción ...*, pp. 253-256.)

_____. "Vigésima-cuarta Temporada de Teatro Puertorriqueño, ¿paso hacia su revitalización? (*La parte del león de A.T.R.*)", *Claridad* (Santurce), del 18 al 24 de marzo de 1983, Suplemento En Rojo, pp. 24-25. (También en *Teatro Puertorriqueño en Acción ...*, pp. 169-173.)

Figueroa, Sotero. "Alejandro Tapia y Rivera", *Ensayo biográfico*, Ponce, Puerto Rico: Tipografía El Vapor, 1888, pp. 287-297.

Franquiz, José A. "Pensamiento filosófico de Tapia", *Estado actual de la filosofía en Puerto Rico*. Ponce: Insula, 1942.

García Díaz, Manuel. *Alejandro Tapia y Rivera: su vida y su obra*. San Juan, Puerto Rico: Editorial Coquí, 1964.

_____. "El Ateneo Puertorriqueño y sus actividades: Tapia, ateneísta", *Ámbito* (1934).

_____. "Alejandro Tapia y Rivera: cuentista", *Cleanto* (1936).

_____. "Los neoclásicos en Puerto Rico" (conferencia de 1958), *Literatura Puertorriqueña 21 Conferencias*, San Juan: Instituto de Cultura Puertorriqueña, 1960, pp. 83-117.

Gómez Tejera, Carmen. *La novela en Puerto Rico* (Tesis). Río Piedras: Universidad de Puerto Rico, 1947. (Véase páginas 24-28, 33-50 y 96-97.)

_____. "Alejandro Tapia y Rivera", *Present Day American Literature* (1930).

Huyke, Juan B. "Alejandro Tapia y Rivera", *El Mundo* (1927).

Hostos, Eugenio María de. *"La Cuarterona", Las Antillas* (10 de mayo de 1867).

Kneipple, van Deusen, Elizabeth. "Famous Puerto Rican of the Past: Alejandro Tapia y Rivera", *Porto Rico School Review* (1929).

Martínez Plee, M. "Don Alejandro Tapia y Rivera y *Bernardo de Palissy*", *Poliedro* (1927).

Matheu de Rodríguez, Fidela. "Violetas para la tumba del Bardo de Guamaní", *Puerto Rico* (1882).

Matos Bernier, Félix. "Alejandro Tapia," *Pedazos de roca*. San Juan, Puerto Rico: 1884, p. 178.

_____. "Alejandro Tapia y Rivera", *Muertos y vivos* (1905).

_____. *"Bernardo de Palissy*, estudio", *Páginas sueltas*, Ponce, Puerto Rico: La Libertad, 1897, p. 201.

Medina, José Toribio. "Alejandro Tapia y Rivera", *Biblioteca Hispanoamericana* (1898).

Medina, Zenón. "Alejandro Tapia y Rivera", *Pinceladas*, San Juan, Puerto Rico: 1895, pp. 36-37.

Menéndez Pelayo, Marcelino. "Apreciación de Tapia", *Historia de la poesía hispanoamericana*, Santander: ALDUS, 1948, Vol. I, Capítulo V (Puerto Rico), p. 239.

Monge, José María. "La tumba de Tapia", San Juan (1883).

Montenegro, José D. "Las conferencias de Don Alejandro Tapia", *La Democracia* (1936).

Montes, Pedro. "Alejandro Tapia", *La Correspondencia* (1929).

Morfi, Angelina. "Capítulo III: La segunda mitad del siglo XIX: Tapia y Brau", *Historia crítica de un siglo de teatro puertorriqueño*, San Juan: Instituto de Cultura Puertorriqueña, 1980, pp. 47-71.

_____. "El teatro en Puerto Rico", *La gran enciclopedia de Puerto Rico, Tomo VI*, Madrid: Editor Vicente Báez, 1976, pp. 16-37.

Muñoz Rivera, Luis. "Alejandro Tapia y Rivera", San Juan (1927).

O'Neill, Luis. "En la tumba de Tapia", San Juan (1882).

Ortiz, Pedro. "Alejandro Tapia y Rivera", *El Gráfico* (1927).

Pasarell, Emilio. *Orígenes y desarrollo de la afición teatral en Puerto Rico*. Río Piedras: Editorial de la Universidad de

Puerto Rico, 1951. (Véase páginas 101-326.)

————. "Panorama teatral de Puerto Rico en el siglo XIX" (conferencia de 1957), *Literatura Puertorriqueña 21 Conferencias*, San Juan: Instituto de Cultura Puertorriqueña, 1960, pp. 65-81.

Pedreira, Antonio S. "Reseña de Mis Memorias", *Revista de Estudios Hispánicos*, Tomo 1, número 4 (octubre-diciembre de 1928): pp. 393- 395.

Peñaranda, Carlos. *Cartas de Don Alejandro Tapia y Rivera-La Parte del León*. San Juan, Puerto Rico: Imprenta de González y Compañía, 1880. (Véase pp. 47-56.)

————. "Crítica del teatro de Tapia", Capítulo V, *Cartas Puertorriqueñas (1878-1880)*, Madrid: Imprenta Rivadeneyra, 1885, Cap. V., pp. 61-65.

Pérez Losada, José. "Alejandro Tapia y Rivera", *Puerto Rico Ilustrado*, Año XXIV, número 1208 (29 de abril de 1933): pp. 34-35, 51-52, y 54-55.

Quijano, Domingo M. "Roberto D'Evreux", *El Mayagüezano* (1856).

Ramírez, Rafael W. "Figuras puertorriqueñas: Alejandro Tapia y Rivera", *El Imparcial* (1927).

Riomares, Jesaar. "Roberto D'Evreux", *El Bardo de Guamaní*, La Habana: Imprenta del Tiempo, 1862, pp. 84-85.

Rivera de Álvarez, Josefina. *Diccionario de la literatura puertorriqueña, Tomo I-II*. San Juan: Instituto de Cultura Puertorriqueña, 1970. (Véase páginas 152-159 del Tomo I y las páginas 1489-1497 del Tomo ll-Vol. 2.)

————. *Historia de la literatura puertorriqueña, Tomo I*. Santurce: Editorial del Departamento de Instrucción Pública, 1969. (Véase páginas 68-73.)

————. "Visión histórico-crítica de la literatura puertorriqueña (orígenes: siglos XVI, XVII, XVIII y XIX)"-(conferencia de 1957), *Literatura Puertorriqueña 21 Conferencias*, San Juan: Instituto de Cultura Puertorriqueña,

1960, pp. 33-64.

Rosa Nieves, Cesáreo. "Notas para los orígenes de las representaciones dramáticas en Puerto Rico", *Asomante*, Vol. VI, Número 1 (enero-marzo 1950): pp. 63-78.

_____. "El romanticismo en la literatura puertorriqueña (1843-1880): III Los géneros literarios, (b) El Drama", (conferencia de 1958), *Literatura Puertorriqueña 21 Conferencias*, San Juan: Instituto de Cultura Puertorriqueña, 1960, pp. 140-143.

Sáez, Antonia. "Nuestro teatro, su pasado, su porvenir", *Revista de la Asociación de Mujeres Graduadas* (enero de 1940): pp. 55-60.

_____. "Tapia dramaturgo", *Índice*, Vol. I, número 11 (febrero de 1930): p. 168.

_____. *El teatro en Puerto Rico. Notas para su historia.* Río Piedras: Editorial Universidad de Puerto Rico, 1950. (Véase páginas 15-42.)

Sanjurjo Negrón, Quintín. "Alejandro Tapia y Rivera", San Juan (1887).

Serrano de Matos, Magdalena. *El teatro de Alejandro Tapia y Rivera*. Río Piedras: Universidad de Puerto Rico, 1953. (Tesis)

Solís, Manuel. "Mi ofrenda a Tapia", San Juan (1883).

Soltero, F. "Tapia reformista", *Índice* (1930).

Tapia y Rivera, Alejandro. "A Carmen" (poesía), *Revista La Azucena*, I, número 7 (15 de noviembre de 1874): p. 3. (También en *Misceláneas*. San Juan, Puerto Rico: Tipografía de González y Compañía, 1880.)

_____. "A mi verdadera Eva" (prosa poética), *Revista La Azucena*, I, número 14 (28 de febrero de 1875): p. 5. (También en *Misceláneas*. San Juan, Puerto Rico: Tipografía de González y Compañía, 1880.)

_____. "A orillas del Rhin" (novela), *Revista La Azucena*, I, números 6, 7 y 8 (31 de octubre, 15 y 30 de noviembre de 1874): pp. 5-7, 6-7 y 5-8. (También en *Misceláneas*.

San Juan, Puerto Rico: Tipografía de González y Compañía, 1880.)

————. "A Puerto Rico" (poesía), *Revista La Azucena*, IV, número 74 (31 de agosto de 1877): pp. 1-7.

————. *La antigua sirena; leyenda*. Segunda Edición. San Juan, Puerto Rico, 1944. (Aparece por primera vez en *El Bardo de Guamaní*, La Habana: Imprenta del Tiempo, 1862, pp. 206-286. También en Barcelona: Ediciones Rumbos. 1967.)

————. "El amor a través de los siglos" (novela), *Revista La Azucena*, I, números 2, 3 y 4 (31 de agosto, 15 y 30 de septiembre de 1874): pp. 5-6, 4-6 y 6-8.

————. "El aprecio a la mujer: es barómetro de civilización" (ensayo), *Revista La Azucena*, I, número 2 (30 de noviembre de 1870): pp. 9-10. (También en *El Bardo de Guamaní*. La Habana: Imprenta del Tiempo, 1862.)

————. "El Ateneo" (editorial), *Revista La Azucena*, II, número 41 (15 de abril de 1876): p.1.

————. "Ateneo Puertorriqueño" (conferencia), *Revista La Azucena*, III, números 49 y 50 (15 y 31 de agosto de 1876): pp. 1-4 y 1-3.

————. "Ateneo Puertorriqueño: conferencia pronunciada en la noche del 13 de junio de 1877" (conferencia), *Revista La Azucena*, IV, números 70 y 71 (30 de junio y 15 de julio de 1877): pp. 6-8 y 5-8.

————. "La Azucena" (editorial), *Revista La Azucena*, I, número 1 (15 de agosto de 1874): p. 1.

————. *El bardo de Guamaní: ensayos literarios de Alejandro Tapia y Rivera*. La Habana: Imprenta del Tiempo, 1862.

————. *Bernardo de Palissy o el heroísmo del trabajo, biodrama original en dos partes y cuatro actos por Alejandro Tapia y Rivera*. Barcelona: Ediciones Rumbos, 1977. (Aparece por primera vez en San Juan, Puerto Rico: 1857. También en *El Bardo de Guamaní*. La Habana: Imprenta del Tiempo, pp. 91-163. También en San

Juan, Puerto Rico: Imprenta Venezuela, 1944, y en San Juan: Departamento de Instrucción Pública, 1972.)

_____. *Biblioteca histórica de Puerto Rico que contiene varios documentos de los siglos XV, XVI, XVII, y XVIII coordinados y anotados por Alejandro Tapia y Rivera.* Puerto Rico: Imprenta de Márquez, 1854. (Una Segunda Edición fue publicada en San Juan, Puerto Rico: Publicaciones del Instituto de Literatura Puertorriqueña, 1945.)

_____. "Borinquen donde nací" (poesía), *Revista La Azucena*, II, número 35 (15 de enero de 1876): p.7.

_____. *Camoens: drama original en tres actos en verso* y *Hero, monólogo trágico.* Barcelona: Ediciones Rumbos, 1967. (La primera edición de *Camoens* aparece en Madrid: Tipografía T. Fontanet, 1868. La segunda edición en San Juan, Puerto Rico: Establecimiento Tipográfico de Acosta, 1878. La primera de *Hero, monólogo trágico* aparece en Ponce: Imprenta de F. Vidal, 1869. Tenía música de D. Mateo Sabater. Una segunda edición con ambas obras aparece en San Juan: Imprenta Venezuela, 1944.)

_____. "La campiña del dorado: serenata a mi amigo D. Ignacio Ma. Mascaró y a su hijo Lorenzo" (poesía), *Revista La Azucena*, I, número 3 (15 de septiembre de 1874): pp. 4-5.

_____. "Carmen Gautier y Benítez", *Revista La Azucena*, II, número 38 (29 de febrero de 1876): p. 3.

_____. "Certamen del Ateneo: laudo del Jurado de Literatura por Alejandro Tapia y Rivera ... [et. al.]", *Revista La Azucena*, IV, números 70 y 71 (30 de junio y 15 de julio de 1877): p. 1 y 1.

_____. *Cofresí: novela.* San Juan, Puerto Rico: Tipografía de González y Compañía, 1876. (También en San Juan, Puerto Rico, 1943 y en San Juan: Imprenta Venezuela, 1944. Publicada por partes en la *Revista La azucena*, II, III, IV, números 31-62 desde el 15 de noviembre de 1875 al 28 de febrero de 1877.)

_____. "Comentarios al Reglamento de la Academia de Ciencias Exactas, Físicas y Naturales...", *Revista La Azucena*, II, número 37 (15 de febrero de 1876): pp. 2-3.

_____. *Conferencias sobre estética y literatura (1876)*. San Juan, Puerto Rico: Imprenta de González y Compañía, 1881. (2da. Edición en San Juan, Puerto Rico: Imprenta Venezuela, 1945. También en Barcelona: Ediciones Rumbos, 1968.)

_____. "Conversación", *Revista La Azucena*, II, número 11 (15 de enero de 1875): pp. 1-2, y número 21 (15 de junio de 1875): pp. 4-6.

_____. "Conversación con mis lectoras", *Revista La Azucena*, I, números 1-3 (15 de agosto, 31 de agosto, y 15 de septiembre de 1874): pp. 1-2.

_____. "Crónicas. [noticias varias]", *Revista La Azucena*, II, número 44 (31 de mayo de 1876): pp. 1-2.

_____. *La Cuarterona, drama en tres actos y en prosa*. Madrid: Tipografía Fontanet, 1867. (Hay una edición en San Juan, Puerto Rico, 1944. También en Barcelona: Ediciones Rumbos, 1967; y en *Teatro Puertorriqueño Décimo Festival 1967*, San Juan: Instituto de Cultura Puertorriqueña, 1969, pp. 291-385.)

_____. *Cuentos y artículos varios*. San Juan, Puerto Rico: Imprenta Venezuela, 1938.

_____. "El desahuciado" (cuadro de costumbres), *Revista La Azucena*, II, número 45 (15 de junio de 1876): pp. 1-2. (También en *Misceláneas*. San Juan, Puerto Rico: Tipografía de González y Compañía, 1880.)

_____. "Despedida" (editorial), *Revista La Azucena*, IV, número 74 (31 de agosto de 1877): p. 1.

_____. "Don Asino" (cuento), *Revista La Azucena*, II, número 35 (15 de enero de 1876): pp. 1-3. (También en *Misceláneas*. San Juan, Puerto Rico: Tipografía de González y Compañía, 1880.)

_____. "Ellas y ellos" (cuento-fantasía), *Revista La Azucena*, I, número 1 (15 de agosto de 1874): p. 8. (También en *Misceláneas*. San Juan, Puerto Rico: Tipografía de González y Compañía, 1880.)

_____. "Enardo y Rosael" (novela), *Revista La Azucena*, I, número 1 (15 de agosto de 1874): pp. 4-8.

_____. *Enardo y Rosael: an allegorical novella by A.T.y R.* (Translated by Alejandro Tapia, Jr. and Margot Lee). New York: Philosophical Library, 1952.

_____. *Enardo y Rosael o el amor a través de los siglos*. San Juan, Puerto Rico: Imprenta Venezuela, 1944. (Aparece en *Misceláneas*, San Juan, Puerto Rico: Tipografía de González y Compañía, 1880, pp. 1-60. También en Barcelona: Ediciones Rumbos, 1967.)

_____. "Extracto de la Divina Comedia" (poesía), *Revista La Azucena*, I, números 10, 11, 12, 13, 15 y 16 (31 de diciembre de 1874; 15 y 31 de enero, 15 febrero, y 15 y 31 de marzo de 1875): pp. 4-6, 2-3, 7-8, 6-7, 6-7, y p. 2.

_____. "Fantasías juveniles", *El Boletín Mercantil*-San Juan, (marzo de 1847).

_____. "Fausto y Margarita" (ensayo), *Revista La Azucena*, II, número 38 (29 de febrero de 1876): pp. 1-2.

_____. "La flor de la caridad" (poesía), *Revista La Azucena*, I, número 1 (20 de noviembre de 1870): p. 7.

_____. "La flor de mayo" (poesía), *Revista La Azucena*, I, número 2 (30 de noviembre de 1870): pp. 12-13.

_____. "La gota de agua-A Amelia Indart de Gallardo" (ensayo), *Revista La Azucena*, III, número 57 (15 de diciembre de 1876): pp. 1-4.

_____. "De Graciela a Isaura y Julia" (carta), *Revista La Azucena*, I, número 3 (15 de septiembre de 1874): pp. 2-3.

_____. "De Graciela a Julia" (carta), *Revista La Azucena*, II, número 29 (15 de octubre de 1875): pp. 1-3.

_____. "De Graciela a Julia é Isaura" (carta), *Revista La Azucena*, I, número 1 (20 de noviembre de 1870): pp. 3-4.

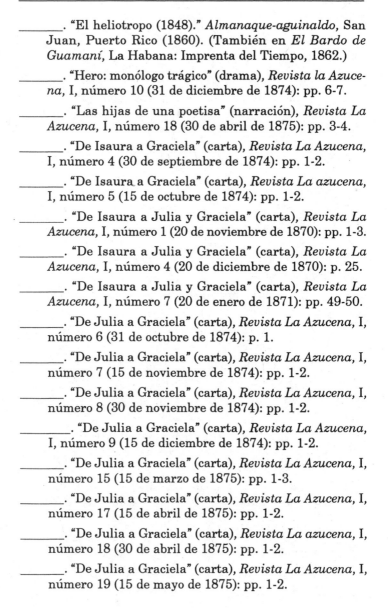

_____. "El heliotropo (1848)." *Almanaque-aguinaldo,* San Juan, Puerto Rico (1860). (También en *El Bardo de Guamaní,* La Habana: Imprenta del Tiempo, 1862.)

_____. "Hero: monólogo trágico" (drama), *Revista la Azucena,* I, número 10 (31 de diciembre de 1874): pp. 6-7.

_____. "Las hijas de una poetisa" (narración), *Revista La Azucena,* I, número 18 (30 de abril de 1875): pp. 3-4.

_____. "De Isaura a Graciela" (carta), *Revista La Azucena,* I, número 4 (30 de septiembre de 1874): pp. 1-2.

_____. "De Isaura a Graciela" (carta), *Revista La azucena,* I, número 5 (15 de octubre de 1874): pp. 1-2.

_____. "De Isaura a Julia y Graciela" (carta), *Revista La Azucena,* I, número 1 (20 de noviembre de 1870): pp. 1-3.

_____. "De Isaura a Julia y Graciela" (carta), *Revista La Azucena,* I, número 4 (20 de diciembre de 1870): p. 25.

_____. "De Isaura a Julia y Graciela" (carta), *Revista La Azucena,* I, número 7 (20 de enero de 1871): pp. 49-50.

_____. "De Julia a Graciela" (carta), *Revista La Azucena,* I, número 6 (31 de octubre de 1874): p. 1.

_____. "De Julia a Graciela" (carta), *Revista La Azucena,* I, número 7 (15 de noviembre de 1874): pp. 1-2.

_____. "De Julia a Graciela" (carta), *Revista La Azucena,* I, número 8 (30 de noviembre de 1874): pp. 1-2.

_____. "De Julia a Graciela" (carta), *Revista La Azucena,* I, número 9 (15 de diciembre de 1874): pp. 1-2.

_____. "De Julia a Graciela" (carta), *Revista La Azucena,* I, número 15 (15 de marzo de 1875): pp. 1-3.

_____. "De Julia a Graciela" (carta), *Revista La Azucena,* I, número 17 (15 de abril de 1875): pp. 1-2.

_____. "De Julia a Graciela" (carta), *Revista La azucena,* I, número 18 (30 de abril de 1875): pp. 1-2.

_____. "De Julia a Graciela" (carta), *Revista La Azucena,* I, número 19 (15 de mayo de 1875): pp. 1-2.

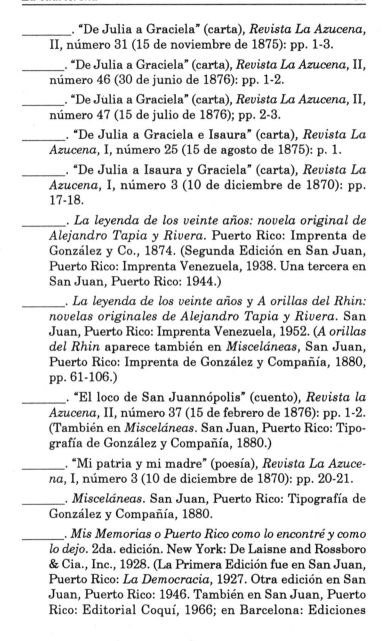

_____. "De Julia a Graciela" (carta), *Revista La Azucena*, II, número 31 (15 de noviembre de 1875): pp. 1-3.

_____. "De Julia a Graciela" (carta), *Revista La Azucena*, II, número 46 (30 de junio de 1876): pp. 1-2.

_____. "De Julia a Graciela" (carta), *Revista La Azucena*, II, número 47 (15 de julio de 1876); pp. 2-3.

_____. "De Julia a Graciela e Isaura" (carta), *Revista La Azucena*, I, número 25 (15 de agosto de 1875): p. 1.

_____. "De Julia a Isaura y Graciela" (carta), *Revista La Azucena*, I, número 3 (10 de diciembre de 1870): pp. 17-18.

_____. *La leyenda de los veinte años: novela original de Alejandro Tapia y Rivera*. Puerto Rico: Imprenta de González y Co., 1874. (Segunda Edición en San Juan, Puerto Rico: Imprenta Venezuela, 1938. Una tercera en San Juan, Puerto Rico: 1944.)

_____. *La leyenda de los veinte años* y *A orillas del Rhin: novelas originales de Alejandro Tapia y Rivera*. San Juan, Puerto Rico: Imprenta Venezuela, 1952. (*A orillas del Rhin* aparece también en *Misceláneas*, San Juan, Puerto Rico: Imprenta de González y Compañía, 1880, pp. 61-106.)

_____. "El loco de San Juannópolis" (cuento), *Revista la Azucena*, II, número 37 (15 de febrero de 1876): pp. 1-2. (También en *Misceláneas*. San Juan, Puerto Rico: Tipografía de González y Compañía, 1880.)

_____. "Mi patria y mi madre" (poesía), *Revista La Azucena*, I, número 3 (10 de diciembre de 1870): pp. 20-21.

_____. *Misceláneas*. San Juan, Puerto Rico: Tipografía de González y Compañía, 1880.

_____. *Mis Memorias o Puerto Rico como lo encontré y como lo dejo*. 2da. edición. New York: De Laisne and Rossboro & Cia., Inc., 1928. (La Primera Edición fue en San Juan, Puerto Rico: *La Democracia*, 1927. Otra edición en San Juan, Puerto Rico: 1946. También en San Juan, Puerto Rico: Editorial Coquí, 1966; en Barcelona: Ediciones

Rumbos, 1968, y Río Piedras: Editorial Edil, 1971.)

_____. "Misa para Pascua de Resurrección de Don Felipe Gutiérrez" (música), *Revista La Azucena*, II, número 42 (30 de abril de 1876): p. 1.

_____. *Obras completas*. San Juan, Puerto Rico: Instituto de Cultura Puertorriqueña, 1968, 1970. Tres volúmenes. Vol. I: Novela. Vol. 2: Teatro. Vol. 3: Biblioteca histórica de Puerto Rico.

_____. *La palma del cacique: leyenda de Puerto Rico y Poesías*. Madrid: Imprenta Santiago Martínez, 1852. (*La palma del cacique* aparece en *El Bardo de Guamaní*, La Habana: Imprenta del Tiempo, 1862, pp. 170-205. Una tercera edición en San Juan, Puerto Rico: 1938, y una cuarta en 1943. También en San Juan, Puerto Rico: Imprenta Venezuela, 1950, y otra con prólogo de Manuel García Díaz en México: Editorial Orión, 1957.)

_____. "Para el 'adiós' de Schubert" (poesía-ensayo), *Revista La Azucena*, I, número 4 (30 de septiembre de 1874): p. 8. (También en *Misceláneas*. San Juan, Puerto Rico: Tipografía de González y Compañía, 1880.)

_____. *La parte del león: drama en tres actos y prosa*. San Juan: Tipografía de González y Compañía, 1880. (Una segunda edición en San Juan, Puerto Rico: 1944. También en Barcelona: Ediciones Rumbos, 1967.)

_____. *Póstumo el transmigrado; historia de un hombre que resucitó en el cuerpo de su enemigo*. Madrid: Imprenta, Fundición y Estereotipia de Don Juan Aguado, 1872. (Segunda Edición con una segunda parte en San Juan, Puerto Rico: Imprenta de José González Font, 1882. También una Tercera Edición en San Juan, Puerto Rico: Imprenta Venezuela, 1945, y otra en Barcelona: Ediciones Rumbos, 1967.)

_____. *Póstumo el transmigrado y el envirginiano*. Río Piedras: Editorial Edil, 1975.

_____. "Recuerdos de San Juan" (cuento-cuadro de costumbres), *Revista La Azucena*, I, números 22 y 23 (30 de junio y 15 de julio de 1875): pp. 1-2 y 1-4. (También en *Misceláneas*. San Juan, Puerto Rico: Tipografía de González y Compañía, 1880.)

_____. "Recuerdos del Santiago (cuaderno de costumbres)" (narración), *Revista La Azucena*, I, número 24 (31 de julio de 1875): pp. 1-3. (También en *Misceláneas*. San Juan, Puerto Rico: Tipografía de González y Compañía, 1880.)

_____. *Roberto D'Evreux: drama histórico en 4 actos*. Barcelona: Ediciones Rumbos, 1967. (Aparece en San Juan, Puerto Rico: 1856-57. La Segunda Edición en *El Bardo de Guamaní*, La Habana: Imprenta del Tiempo, 1862, pp. 11-72. Una tercera en San Juan, Puerto Rico: 1944.)

_____. "La roseola y mi vecina" (cuento), *Revista La Azucena*, I, número 9 (15 de diciembre de 1874): pp. 5-6. (También en *Misceláneas*. San Juan, Puerto Rico: Tipografía de González y Compañía, 1880.)

_____. *La sataniada; grandiosa epopeya dedicada al príncipe de las tinieblas por Crisófilo Sardanápalo* (seudónimo). Madrid: Imprenta de Aurelio J. Alaria, 1878. (Una Segunda Edición en San Juan, Puerto Rico: 1945. También en Barcelona: Ediciones Rumbos, 1967.)

_____. "Sr. Don Luis R. Velázquez, director del periódico *La Civilización*" (cartas), *Revista La Azucena*, IV, números 68 y 71 (31 de mayo y 15 de julio de 1877): pp. 3-5 y 3-5.

_____. "Sr. L.E. Ramos" (carta), *Revista La Azucena*, IV, número 71 (15 de julio de 1877): pp. 2-3.

_____. "Sobre bella literatura" (conferencia), *Revista La Azucena*, III, números 53 y 54 (15 y 31 de octubre de 1876): pp. 1-4 y 2-6.

_____. "Sobre el ideal del arte" (editorial), *Revista La Azucena*, IV, números 67, 68 y 69 (15 y 31 de mayo, y 15 de junio de 1877): p. 1, pp. 1-3, y p. 3.

_____. "Sobre la composición poética" (editorial), *Revista La Azucena*, IV, número 67 (15 de mayo de 1877): p.1.

_____. "Sobre la *Revista El Agente*" (editorial), *Revista La Azucena*, IV, números 69 y 70 (15 y 30 de junio de 1877): pp. 1-2 y pp. 1-6.

_____. "¡Somos así!" (narración-cuadro de costumbres), *Revista La Azucena*, I, número 16 (31 de marzo de 1875): p. 1. (También en *Misceláneas*. San Juan, Puerto Rico: Tipografía de González y Compañía, 1880.)

_____. "Teatro" (noticias), *Revista La Azucena*, III, números 56, 57 y 58 (30 de noviembre, 15 y 31 de diciembre de 1876): p. 1, p. 1 y pp. 1-8.

_____. "Trabajar es orar" (baladas), *Revista La Azucena*, I-II, números 3 y 41 (10 de diciembre de 1870 y 15 de abril de 1876): pp. 18-19 y 1-2. (También en *Misceláneas*. San Juan, Puerto Rico: Tipografía de González y Compañía, 1880.)

_____. "El 30 de junio: La encarnación de mi ideal esposa" (ensayo-fantasía poética), *Revista La Azucena*, I, número 4 (20 de diciembre de 1870): p. 26. (También en *Misceláneas*. San Juan, Puerto Rico: Tipografía de González y Compañía, 1880.)

_____. "Universidad para Puerto Rico". *Revista Hispano-Americana*-Madrid (15 de enero de 1867).

_____. *Vasco Núñez de Balboa: drama histórico en tres actos y en verso*. San Juan, Puerto Rico: Tipografía de González y Compañía, 1873. (Una Segunda Edición en San Juan, Puerto Rico: 1944. Luego también en Barcelona: Ediciones Rumbos, 1967.)

_____. "Un viaje a Monte Edén" (cuento), *Revista La Azucena*, I, número 9 (10 de febrero de 1871): pp. 65-68. (También en *Misceláneas*. San Juan, Puerto Rico: Tipografía de González y Compañía, 1880; y en *Tapia ayer y hoy*... Santurce: Universidad del Sagrado Corazón Biblioteca Madre María Teresa Guevara, 1982. pp. 21-28.)

_____. *Vida del pintor puertorriqueño José Campeche y noticias históricas de Ramón Power*. San Juan, Puerto Rico: Imprenta Venezuela, 1946. (Bajo el título de

Noticia sobre la vida y obras José Campeche aparece la Primera Edición en San Juan, Puerto Rico: 1855. Luego en *El Bardo de Guamaní*, La Habana: Tipografía del Tiempo, 1862, pp. 487-510. *Noticia histórica de Ramón Power* (biografía) aparece en San Juan, Puerto Rico: Tipografía de González y Compañía, 1873. Ambos vuelven a aparecer nuevamente en Barcelona: Ediciones Rumbos, 1967.)

_____. "Wagner y la música del porvenir" (música), *Revista La Azucena*, I, números 2 y 4 (31 de agosto y 30 de septiembre de 1874): pp. 3-4, y pp. 4-5.

_____. "Teatro" (crítica a la representación drama *Camoens* escrito por Don Alejandro Tapia y Rivera - 20 de febrero de 1877), *Revista La Azucena*, IV, números 61 y 62 (15 y 28 de febrero de 1877): pp. 1-2 y p. 1.

Todd, Roberto H. "En la noche que murió Tapia", *El Mundo* (1933).

_____. "Alejandro Tapia", *El Mundo*, Los Retratos del Ateneo, 1935.

Torres Mazzorana, R. "Alejandro Tapia", *El Nuevo Mundo* (1928).

Urbani, Manuel. "La parte del león", *El Agente* (1880).

Valle, Rafael del. "Alejandro Tapia y Rivera", *Poesías completas* (1884).

Vázquez, Manuel. "Un libro de Alejandro Tapia y Rivera", *El Gráfico de Puerto Rico* (1928).

A Caddy.
Recuerdo de su amigo,
Alejandro

LA CUARTERONA

Figuras del drama

Julia.

Carlos.

La Condesa de ...,
    madre de Carlos

Emilia.

Don Críspulo, padre de Emilia...

Luis, amigo de Carlos.

Jorge, negro.

La escena en La Habana, año de 186...

ACTO PRIMERO

Habitación de Carlos cuya puerta del fondo guía a la calle. La de la izquierda del actor, al interior de la casa.

ESCENA I
Carlos y Jorge

Carlos

(*Sentado*) ¿Dices que Julia está pesarosa y que a veces la has sorprendido llorando? Háblame con toda sinceridad, Jorge; nos conocemos desde mi infancia y siempre has sido fiel a tus amos; continúa siéndolo al hombre como lo fuiste al niño, y no te pesará. Habla, pues; ya sabes comprender que me interesa, cuando con tanto afán te lo pregunto.

Jorge

Le diré, niño Carlos: antes de llegar su merced de allá de Francia, Julia solía estar risueña, aunque como es sabido, su genio no ha sido nunca alegre, porque siempre he creído que la hacía sufrir su triste condición. Entonces me hablaba con frecuencia de su merced, y así podía yo recibir sus noticias. Ella tenía buen cuidado de decirme: "Jorge, el niño Carlos, que no se olvida nunca de los que le

aman, te envía memorias". ¡Ah! Yo no sé lo que pasaba
entonces por mí... Al saber que mi buen amito se acorda-
ba de su pobre Jorge, lloraba de gusto, como lo hice de
pena el día en que el niño se fue de La Habana.

Carlos

Adelante, Jorge. Sé que me quieres y en ello me pa-
gas. Prosigue.

Jorge

¡Ah! ¡Si el niño supiese que todo se acabó cuando nos
dijo la señora que su merced estaba para volver! Ya nada
me contaba Julia; estaba siempre como pensativa, y cuando yo le preguntaba por el niño, ella no quería contestar-
me. Un día la sorprendí llorando, y casi huyendo de mí me
dijo: "Jorge, vendrá muy pronto". No pude seguirla para
saber más, porque la alegría me detuvo, y ella se aprove-
chó de mi sorpresa para echar a correr.

Carlos

Bueno, bueno. Me place lo que me cuentas.

Jorge

Aquel día en que me dijo que su merced vendría pronto, me inquietó mucho ver que lloraba y ocultaba sus lágrimas; creí que se afligía porque hubiese ocurrido algún
mal a su merced. Traté de averiguarlo, la seguí después,
la encontré a solas, y entonces me dijo que nada había
sucedido al niño, y que si lloraba era de contento. No era
verdad, pues no podía llorar de contento con una cara tan
triste, ni estar satisfecha, cuando siempre la veía como
asustada.

Carlos

Lo que dices me interesa. Ella y yo nos hemos criado

juntos, y así no puedo ver con indiferencia su pesadumbre.

Jorge

¡Oh! Yo sé lo que es llorar de contento; lloré así el día en que su merced volvió y me dio un abrazo; por eso siempre dije y diré, que el llanto de Julia era de tristeza. El niño sabe que yo la conozco desde muy chiquita, y la quiero como querría a una hija si la tuviera. Pues bien, desde que su merced llegó, mejor dicho, desde que ella me anunció su regreso, no ha vuelto a estar alegre. ¡Oh! Yo veo bien todo eso, porque la quiero mucho, y los ojos del que quiere mucho, ven muy claro.

Carlos

(¡Me ama, me ama!) ¿Y dices que desde que llegué de Francia, hace un mes, está siempre como si tuviese algún pesar que trata de ocultarnos? Tienes razón: su risa y su canto son mera ficción, vana apariencia... (Por eso se marchó al campo, a casa de mi tía, a poco de mi llegada; por eso esquiva mi presencia hasta el punto de no haber podido hablar con ella a solas después de mi regreso... Ya no lo dudo; me halaga suponerlo.) Jorge, no ignoras que a pesar de todo, he querido y quiero a Julia, como... a una hermana... ¿entiendes? Justo es que no mire indiferente sus pesares... Esa tristeza que has creído descubrir en ella y que yo también he advertido, aunque como tú, sin adivinar la causa...

Jorge

Sí, niño, lo sé. Su merced ha sido siempre bueno con ella, conmigo y con todo el mundo; por eso todos le queremos tanto.

Carlos

Gracias, buen Jorge. Observa a Julia, y cuéntame lo que veas; cuéntamelo todo. Ve pues a tus quehaceres, y toma para que fumes.

Jorge

Sin eso, niño, yo le quiero mucho.

(*Vase por la puerta del interior*)

ESCENA II
Carlos, *solo*

Carlos

Ella me ama, sí... ¡pero qué!... Es un disparate, una locura... locura que va siendo superior a mi voluntad. No sé por qué, pero las palabras de Jorge me han revelado todo un mundo. ¿Y a qué hacerme cuentas tan galanas? Ella verá en mí al compañero de la infancia, me tendrá el cariño que se puede profesar a un hermano, y nada más... ¡Pero esas lágrimas al saber que se aproximaba mi regreso, esa tristeza y misterio desde mi llegada!... Acaso mide la diferencia de condiciones con que el destino implacable quiso separarnos... ¡Ah! Ella no conoce mi amor tal vez, ni mucho menos mi corazón; ella ignora sin duda que soy superior a ciertas ruines preocupaciones, y que la ausencia, revelándome la naturaleza de mis sentimientos, ha hecho de ella la imagen de mis ensueños, la estrella de mi destino... Julia, la hechicera Julia, no verá más que un abismo entre los dos, y no comprenderá tal vez que yo saltaría por sobre aquel abismo para acercarme a ella. Por otra parte, si mi madre llegase a imaginar... ella que la acogió y la ha educado con esmero; mi madre que la ama bondadosa... Pero al tratarse de quebrantar ciertas barreras, recordará que es la condesa, la señora altiva, y que la otra es una pobre mestiza... Vamos, es una locura, pero locura que comienza a labrar mi desgracia; sí, porque comienzo a ser muy desgraciado. Hola, amigo, Luis, sé bienvenido.

ESCENA III
Carlos, Luis

Luis

Buenos días, *mon cher*. ¿Qué tal te va en esta Habana a que tú deseabas tanto volver y que yo anhelo tanto quitar de nuevo?

Carlos

Bien...

Luis

Pocos días ha que llegué y ya me parecen siglos: ¡qué calles, qué casas, qué costumbres, qué fastidio, *mon Dieu*! Ya se ve: ¡aquellos bulevares, aquellas tiendas, aquellos palacios, aquel París! ¡Oh! ¡Es mucho París el que hemos dejado!

Carlos

Poco a poco, Luis; pareces extranjero en tu patria.

Luis

¿Cómo volver allá sin dinero? ¿Cómo renunciar a tales

maravillas?

Carlos

Cualquiera pensaría a primera vista, que tu entusiasmo por la capital de Francia era inspirado por el amor a las ciencias y a las artes, de que es un centro; pero a poco de oírte, se convencería de que no se trata del París intelectual, sino del que, como a ti, enloquece a tantos de nuestros jóvenes y no jóvenes; el París de los espectáculos y las loretas.

Luis

Y es como debe ser.

Carlos

¡Lucida está contigo la patria! ¡Qué porvenir tan hermoso! Vamos, sé un poco menos parisiense: ten un poco más de juicio. (Sólo me faltaba la presencia de Luis para acabar de estar contento.)

Luis

¡Juicio, juicio! Esa es la palabra que de continuo me repetían allá todos aquellos locos serios que, como tú, sólo van allí a sumirse en el barrio latino entre libros y bibliotecas. ¡Vaya una diversión! Veo que eres aquí el mismo hombre triste de por allá!

Carlos

El mismo ciertamente.

Luis

¡Cuánto mejor es levantarse tarde y acostarse ídem, pasando el día en la dulce *flanerie* o en seguir la pista a alguna elegante damisela! Por la tarde el Bois de Boulogne o los Campos Elíseos; por la noche la ópera o algunos teatros *pour rire*, acabándola en la *Maison Dorée* con algunos amigos *comm'il faut* y algunas amigas tan bellas como *d'esprit*. Vamos, vamos, alégrate. ¡Bien veo que no sabes lo que es la vida, y sin embargo, es lástima!

Carlos

Sin duda causo lástima. En cambio he adquirido en París una profesión sin haber llevado allí este objeto precisamente, y tú que fuiste a ello, has gastado a tus parientes una fortuna y has vuelto como fuiste. Dispensa que te hable así, pero todo eso lo motiva la lástima que manifiestas; además, me encuentro hoy de un humor negro.

Luis

Enhorabuena, te lo perdono, porque veo que tienes la manía del Mentor. ¿Qué quieres? Cada cual tiene sus gustos. Yo nací para el gran mundo y no para un gran villorio como éste, *malgré* sus defensores; nací para tener fortuna y no para buscarla trabajando; para gozar y no para quemarme las pestañas en el estudio. Anda, sé tú, ya que lo quieres, un gran facultativo, un Nelatón, un Bernard, un Dupuytren. Yo no he venido al mundo para cortar brazos y piernas, ni para disecar cadáveres; antes al contrario, me juzgo hecho para contemplar, en todas sus perfecciones las maravillas humanas, sobre todo cuando llevan *malakoff* y tienen cara bonita.

Carlos

Siempre el mismo, y no comprendo qué locura tentó a tu familia para intentar hacer de ti un buen estudiante y médico aprovechado. (Quisiera ser tan frívolo como éste: la frivolidad padece poco.)

Luis

Creí que mi familia era muy rica, y me he llevado un

chasco solemne. Las ilusiones me engañaron.

Carlos

Tal sucede a muchos.

Luis

Por otra parte, dices que no he estudiado, ¡qué disparate! Sé hablar el francés, vestir con *chic*, tirar al florete
y bailar un *cancán* como un demonio.

Carlos

¡Algo es!...

Luis

¿Te parece poco el *cancán* delicia de Mabile y gloria de
la Francia? ¿Hay cosa mejor que *vis a vis* de una donosa
hembra, hacer aquello de... (*Tararea y hace algunas pi-
ruetas de cancán*) Si dices que eso no es delicioso, estás
tocando el violón.

Carlos

Sin duda alguna.

Luis

Pero en fin, pasemos a otro asunto. Vine a hablarte de
algo que me interesa.

Carlos

Ya te escucho.

Luis

En mal hora recordé aquella deliciosa vida de la capital de Francia. En esta materia me vuelvo todo hablar y
digresiones: tanto es mi entusiasmo y mi deseo de volver

a gozarla.

Carlos

Al asunto, pues. Casi llego a tenerte envidia, porque al cabo eres hoy más feliz que yo.

Luis

Como iba diciendo, no estoy nada contento en nuestra Habana, y deseo, y pienso y he resuelto volverme a París.

Carlos

Bien pensado.

Luis

Pero para vivir allá *comm'il faut* se necesita mucho dinero, y no lo tengo.

Carlos

Trabaja.

Luis

No me place. ¿Qué quieres? He perdido lo mejor del tiempo.

Carlos

Bien lo veo.

Luis

Acaso el vicio viene en mí desde la infancia. ¡Hacerle a uno creer que va a ser muy rico sin trabajar!

Carlos

¿Y qué hacer?

Luis

Pienso buscar una mujer rica y casarme o darme al diablo, que es lo mismo.

Carlos

Muy bien pensado. (Creo que este majadero de Luis acabará por hacerme olvidar mis penas.)

Luis

Me parece que mi personal, es decir, precisamente no tener otro crédito mayor, me pone en aptitud de ganar el corazón de alguna mujer frívola... y como es lo que busco, y aquellas son las más...

Carlos

Dado que encuentres semejante joya, que no es nada difícil... ¿Juzgas que su familia se conforme con la insuficiencia tuya de que me hablas?

Luis

Gane yo a la muchacha... y como la ley protege el matrimonio...

Carlos

Todo padre rico quiere para su hija por lo menos...

Luis

¿Qué?

Carlos

Un buen administrador.

Luis

No, eso huele a criado: yo no tengo aptitud para

administrar, sino para gastar.

Carlos

¡Magnífico!...

Luis

¿Y qué más debe querer un suegro rico?

Carlos

Precisamente.

Luis

La plétora de dinero necesita, como el vapor, una válvula, un desahogo, y aquí estoy yo.

Carlos

Pues entonces eres cortado para el caso.

Luis

Por eso no he perdido el tiempo.

Carlos

¡Cómo!

Luis

Necesito, Carlos, que me des algunos informes y me tranquilices respecto de si son o no fundadas mis esperanzas.

Carlos

Si no te explicas...

Luis

Anteayer era día de misa, y yo, como buen cristiano,

acudo siempre a donde van ellas.

Carlos

Es natural.

Luis

Siempre he tenido esa costumbre.

Carlos

Adelante.

Luis

Hallábame en la puerta del templo que está aquí en-frente, en medio del corrillo de jóvenes, que por lo visto tienen poco que hacer y mucha afición al bello sexo, cuan-do vi salir de la iglesia y pasar por junto a mi una joven bastante bonita, acompañada de un señor gordo y colo-radote; una especie de tomate mayúsculo...

Carlos

Bien, acaba.

Luis

Desde luego observé en el grupo de jóvenes grave in-terés hacia la pareja. Ciertos hombres casaderos son tan deferentes con las mujeres ricas, que desde luego se cono-ce en su semblante y maneras y atenciones, que han ha-llado el filón. Tú sabes que en la materia tengo un ofalto finísimo.

Carlos

Concedido.

Luis

Entre los del grupo había algunos cotorrones que sin duda buscaban lo que yo. ¿Quién mejor que ellos para orientarme? El es un buey gordo, me dijeron, y ella una ninfa de oro. La joven se llama Emilia, su padre tiene más dinero que un demonio, y más vegas en Vuelta-abajo que no sé quién.

Carlos

Eso es.

Luis

¡Qué poesía! Un rico archirrico, soberbio mercachifle retirado.

Carlos

¿Su nombre?

Luis

Don Críspulo no sé cuántos.

Carlos.

¡El mismo! Lo imaginaba.

Luis

¿Le conoces?

Carlos

Mucho, mucho. ¡Qué casualidad!

Luis

Pues bien: es forzoso que me presentes, ¿oyes? Quiero conocer a un señor tan apreciable; sobre todo a su hija. Al punto supe que la niña tiene muchos pretendientes,

como era de esperarse. Me dijeron que aún no había ele-
gido. Pero admírate de lo que añadieron; adivina...

Carlos

¿Qué?

Luis

Que era mi amigo Carlos una probabilidad.

Carlos

Es muy cierto, por desgracia.

Luis

Pero yo sé que tú no estás por buscar mujeres ricas,
y comprendí desde luego que no tendría en ti un rival te-
mible. ¿No es así? Tranquilízame, amigo mío, tranquiliza
mi corazón.

Carlos

Has dicho bien. Prefiero mil veces el celibato. ¡Casarme sin amor!

Luis

¡Oh, ventura! ¡Cuando dije que eras un rival poco te-
mible!...

Carlos

Acá para inter nos: mi madre muestra empeño en que
contraiga dicho enlace; el padre y la hija están conformes;
falta sólo mi asentimiento.

Luis

Pero tú no piensas darlo, ni lo darás... ¿no es eso?

Carlos

Perdone mi buena madre: en esta ocasión no me hallo dispuesto a complacerla.

Luis

¡Bien, bravo! Es decir que puedo contar con el campo libre y acaso con tu apoyo. Preséntame, Carlos, preséntame. Por lo que respecta a la chica, has de saber que la seguí, y situado después bajo sus balcones, se dejó ver como si no le fuese indiferente: creo no mentir al asegurarte que toma varas sin disgusto.

ESCENA IV
Dichos, **Julia**

Carlos

¡Julia!

Julia

La señora deseaba saber si se hallaba usted en su habitación para bajar a verle. (*Saludando a Luis*) Caballero...

Luis

(¡Bonita hembra!)

Carlos

(Mi madre quiere hablarme; presumo de qué. ¡Cuánto lo temo!) Bien, Julia: estoy dispuesto a recibirla.

Luis

Entonces te dejo.

Carlos

Adiós, Luis; luego hablaremos.

Luis

Me marcho; veo que tienes que hablar con... tu señora madre... ¿Qué te pasa? Estás turbado. ¡Hum! (Cuidado con la muchacha: veo que tienes buen gusto.)

Carlos

Calla, calla... no desatines, amigo mío.

Luis

En fin, volveré; no me olvides. (*Saludando a Julia*)
Señorita... (¡hermosa es!)

(*Vase*)

ESCENA V
Carlos y Julia

Carlos

Mi madre desea hablarme, ¿no es eso?

Julia

Sí.

Carlos

¿Y no sabes de qué?

Julia

(*Conmovida*) Lo presumo.

Carlos

Óyeme, Julia: Se trata de un matrimonio que se me propone, ¿acepto?

Julia

Debe usted aceptar.

Carlos

No, imposible: no puedes comunicarme tal decisión con indiferencia; sabes que mi corazón pertenece a otra.

Julia

(¡Ah!)

Carlos

A otra que, víctima y dominada a la vez por preocupaciones que detesto, se niega a escuchar mis votos.

Julia

Carlos, ignoro de quién habla usted.

Carlos

¿Ignorarlo tú?

Julia

Carlos, es imposible unir lo que el destino separó.

Carlos

Y qué, Julia: cuando me abraso, cuando muero de amor por la que sólo juzgaba amiga de la infancia; cuando veo, ¡ah! me lo dice el alma, que ella corresponde al mismo afecto, ¿debo obedecer la voz del cálculo? ¿Debo entregar a otra una voluntad que sólo a ti pertenece?

Julia

Carlos, si usted me ama, como dice, debe tratar de olvidarme. Usted supone que yo le amo; tal sería locura, y ambos debemos tener juicio. (¡Dios mío, Dios mío!)

Carlos

¡Ah, Julia! ¿Por qué sustituyes con ese frío *usted*, aquel delicioso tuteo que hacía más cariñosas nuestras palabras en los primeros años de la existencia?

Julia

¿A qué recordarlos?

Carlos

Sólo contaba yo dos o tres años más que tú y parecíamos gemelos en nuestro carácter y aficiones inocentes.

Julia

Es verdad.

Carlos

Después he recordado con placer aquellas horas...

Julia

Conviene olvidarlas.

Carlos

Así, cuando la ausencia me reveló que te amaba, hallé en mi corazón tus nobles ideas y elevados sentimientos. Tu imagen estaba allí para realzarlos.

Julia

¡Ah!

Carlos

Eras niña cuando los expresabas; pero superiores aquellos a tu edad, hallaron eco después en mi corazón de hombre; ellos me enseñaron a estimar el bien y a amar lo bello, y tú como el ángel de mi guarda, me has salvado de los escollos de la juventud en un mundo tempestuoso. ¿Qué mucho, pues, que al verte de nuevo, al hallarte tan bella, tan adorable, mi amor haya crecido? Julia, encantadora Julia, fuiste el ángel de mi consuelo durante la ausencia, sé el ángel de mi felicidad durante mi vida.

Julia

Es verdad: la ausencia despierta a veces sentimientos que dormían ignorados en el corazón. Ella ha cambiado en tristeza nuestras horas de alegría; nuestra paz en áridos temores.

Carlos

Temores infundados.

Julia

Usted debe sólo ver en mí la amiga de la niñez, si no quiere considerar lo que todo el mundo: una mujer cuya condición abre un abismo entre los dos.

Carlos

Yo anularé semejante abismo.

Julia

Acaso por haber visitado usted países en que, según se cuenta, no existen ciertas preocupaciones, no las tiene usted.

Carlos

Eso basta.

Julia

Aun cuando no fuese usted heredero de un título y de un nombre ilustre, sería siempre lo que en nuestro país se juzga superior a lo que yo soy.

Carlos

¿Qué importa nuestro país?

Julia

Olvide usted, pues, como el sueño de un cielo perdido, las dulces memorias de que me habla; evite usted que aquel cielo se trueque en infierno, y que sea yo ingrata a los favores que desde la cuna recibí de su buena madre; favores que se convertirían en odio contra mí.

Carlos

¿Ella odiarte?

Julia

¡Ah! Usted no me ama tanto como dice: usted quiere que mi bienhechora me dé en rostro con mi triste condición.

Carlos

Yo lo impediré.

Julia

Ello lo haría si sospechase.

Carlos

No lo sospechará.

Julia

En general los de mi clase, la niegan o la disimulan;

yo no la publico, pero Dios me ha dado una compensación; la conformidad, y por eso manifiesto mi condición sin humillarme.

Carlos

¿Y quién podría humillarte? ¿Por qué me hablas de eso ahora?

Julia

Recuerdo más de una vez mi condición para que usted no la olvide.

Carlos

¡Qué tonta!

Julia

No hay sarcasmo en mis palabras.

Carlos

No sientes lo que ellas dicen.

Julia

Renuncie usted a pretensiones que no debo escuchar, y si no pude evitar esta conferencia, le ruego que sea la última.

Carlos

Pero Julia, tú me amas; una sola vez, dímelo...

Julia

No, imposible.

Carlos

¡Ah! Si tus ojos, si tus miradas no me lo revelasen, mi

propio corazón al escucharte, me diría que soy amado.

Julia

Usted lo presume.

Carlos

Pero no basta; necesito que tu labio lo confirme.

Condesa

(*Dentro*) ¡Julia, Julia!

Julia

(*Asustada*) ¡La señora! Huya usted, por Dios.

Carlos

Es vana tu repulsa.

Julia

Que no nos halle juntos aquí.

Carlos

Me amas, ¿no es cierto?

Julia

No, imposible... Váyase usted.

Carlos

Pero...

Julia

He dicho que no puede ser.

Carlos

No, mentira; tú me amas.

Condesa

(*Dentro*) ¡Julia!

Julia

Como usted quiera; pero váyase usted, Carlos, o todo se ha perdido.

Carlos

Sí, sí, adiós. Hasta después.

(*Toma el sombrero y vase hacia la calle*)

ESCENA VI

Julia y la Condesa

Condesa

Muchacha... ¡Tanto tardar para un simple recado! No me place ni está bien visto que permanezcas aquí en la habitación de Carlos más tiempo del regular.

Julia

(*Avergonzada*) Señora...

Condesa

Te conozco y te hago justicia, pero no está bien. ¿Y Carlos?

Julia

(*Con turbación*) Ha salido.

Condesa

Lo siento; precisamente cuando tengo que hablarle.

Julia

Quizá volverá pronto.

Condesa

Sin duda presintiendo el objeto con que le busco, evita mi presencia. Y hace mal en esquivar toda conversación conmigo, que siempre he sido para él madre cariñosa. ¿No es verdad?

Julia

Ciertamente.

Condesa

¡Renunciar a una boda que sólo ventajas puede ofrecerle! ¿Y por qué? Quizá por algún capricho. Julia, con sinceridad: ¿Sabes si alguna afección hacia otra?...

Julia

Señora, de algún tiempo acá se ha vuelto tan reservado... (¡Callar lo que podría ser una dicha confesar!)

Condesa

Julia, nacida tú en esta casa, has sido tratada siempre con cariño y educada con el esmero de una señorita.

Julia

¡Ah! Señora, mi gratitud no se ha desmentido jamás.

Condesa

Lo sé, y por eso cuento con tu ayuda en una empresa sobrado interesante.

Julia

(¿Qué pretenderá?)

Condesa

¡Si comprendieses cuánto anhelo para mi hijo la tal boda! Presumo que hará su dicha, y no omitiré medio alguno para realizarla. Entre él y tú existe la confianza que origina la común niñez; Carlos estima tu cordura y buenas prendas, y tus consejos no serían por él desatendidos.

Julia

(¡Ah! ¡Temo comprender!)

Condesa

Procura, pues, inquirir si el amor a otra mujer le impide ceder a mis prevenciones. Trata de persuadirle de que mi proyecto tiene por mira su conveniencia; persuádele.

Julia

(*Con sorpresa*) ¡Yo!... ¿Quién mejor que una madre podría hacerlo?

Condesa

Así debiera ser; pero tú le inspiras quizás mayor confianza. Lo harás, ¿no es cierto?

Julia

No me lisonjeo de conseguirlo.

Condesa

Sí, dame palabra de que lo harás.

Julia

(¡Ay de mí!) Señora...

Condesa

Consientes, ¿no es así?

Julia

Señora... no puedo ni debo negar a usted nada; pero...

Condesa

Tratarás de convencerle de que no son miras codiciosas de mi parte. ¿Se lo dirás?

Julia

Como nada me prometo alcanzar...

Condesa

¡Qué! ¿Vacilas?

Julia

Lo haré. (Aunque me cueste la vida.)

Condesa

¡Oh! Gracias, Julia... A propósito, ahí está; déjame que le hable.

Julia

(¡Cielos! No era bastante callar y resignarme, sino que debo abogar por otra.)

(Vase)

ESCENA VII
Condesa, Carlos

Carlos

(*Entrando*) ¡Madre mía!

Condesa

El cielo premie al hijo que complace a su madre.

Carlos

¡Ah! Tiene usted un hijo muy desgraciado; un hijo que no puede siempre complacer a su madre.

Condesa

De eso venía a tratar precisamente; de poner a prueba por última vez el cariño que siempre me has profesado.

Carlos

Supongo que no dudará usted.

Condesa

Concedo que antes no dudaba, pero desde hace algunos días...

Carlos

¡Qué!

Condesa

Preciso es que mi Carlos, que nunca tuvo una contradicción para mí, ame a otra persona más que a su madre...

Carlos

¡Cómo!

Condesa

Cuando se niega a su ruego, mandato debiera decir; pero no, yo no mando a mi hijo en esta ocasión, le ruego.

Carlos

Veamos, madre: usted me ruega, ¿y por qué? Porque acepte un matrimonio ventajoso para mí.

Condesa

Una buena madre sabe por instinto lo que más conviene a sus hijos.

Carlos

El cariño puede alucinar a usted, madre mía.

Condesa

La juventud es inexperta.

Carlos

Conozco mi corazón: no podría ser feliz en el matrimonio sin el amor.

Condesa

¡Quién sabe, Carlos! ¿Cuántos casamientos por amor no han sido desgraciados?

Carlos

¿Y cuántos no han sido felices?

Condesa

En la elección para el matrimonio debe presidir la razón, no las ilusiones.

Carlos
Yo creo que el amor no debe ser desatendido.

Condesa
Es lazo aquél indisoluble.

Carlos
Por lo mismo.

Condesa
En entendimiento debe consultarse.

Carlos
Más el corazón.

Condesa
Aquél es todo.

Carlos
¿Y éste es nada?

Condesa
Es ciego y suele extraviarse.

Carlos
Permítame usted que no lo piense así.

Condesa
Además, la novia que te propongo es bella.

Carlos
La belleza del alma es preferible.

Condesa

Es buena.

Carlos

Muchas lo parecen: no es la soltería el crisol del matrimonio. Tampoco es Emilia un tesoro de inteligencia.

Condesa

Pero tiene buena índole.

Carlos

No es bastante.

Condesa

Podrás formarla según tus opiniones.

Carlos

Sí, una joven educada como la mayor parte, en la frivolidad.

Condesa

Será dócil.

Carlos

Si lo fuese. Mecida en los sueños de rica heredera, llevará consigo al matrimonio la soberbia y la presunción.

Condesa

¿Cómo sabes eso?

Carlos

Es de suponerse. Don Críspulo, su padre, no puede haberle dado otra educación. El olmo no da peras.

Condesa

Exageras demasiado.

Carlos

Sin duda será de aquellas a quienes un padre necio repite todos los días que valen mucho y que están destinadas, no a tener un marido, sino a comprar un esclavo.

Condesa

Vamos, estás intransigente.

Carlos

Se enfada usted y lo siento.

Condesa

Con razón dudaba de tu cariño.

Carlos

No, usted sabe que la amo y la respeto como merece; pero no puedo darle gusto en esta ocasión.

Condesa

¿Para cuándo guardas la complacencia?

Carlos

Permaneceré soltero; así podré consagrarme por completo a la ventura de usted.

Condesa

¡Mi ventura! Está en tu casamiento con Emilia. Repito lo que sabes. (*Con misterio*) Estamos casi arruinados; los restos de nuestros bienes, un día cuantiosos, están próximos al embargo. El padre de Emilia es uno de nuestros principales acreedores. A fuerza de ostentar ante sus ojos nuestra nobleza, el villano enriquecido se deslumbra y consiente en preferirte a muchos para yerno.

Carlos

Ya lo veo, por desgracia.

Condesa

A pesar de que no ignora el mal estado de nuestros intereses, hele hecho conocer que, con todo su dinero es Don Nadie, si no une su oro a lo que oro vale: la nobleza.

Carlos

Pero...

Condesa

He sido intrigante por mi hijo y por mí, porque no estoy dispuesta a verme despreciada en la vejez, cuando he sido rica y espléndida toda mi vida.

Carlos

¡Y quiere usted sacrificarme!

Condesa

(*Sin oírle*) No daré de buen grado semejante gusto a los que me envidiaron hasta ahora. (*Pausa*) ¡Y si nos quedase siquiera una posición modesta! Pero la humillación, la miseria...

Carlos

No, eso no; trabajaré noche y día para usted. Ejerceré mi profesión de médico; tengo poderosa voluntad, y lograré que pueda usted vivir holgadamente.

Condesa

Gracias, gracias; pero no me satisface.

Carlos

Ya ve usted que la miseria no debe intimidarla.

Condesa

Insisto en que amas a otra.

Carlos

¡Qué dice usted! (¡Qué! ¿sabrá?...)

Condesa

Sientes alguna pasión que me ocultas.

Carlos

No acierto a explicarme...

Condesa

Jamás daré mi aprobación a frívolos caprichos.

Carlos

¡Caprichos!

ESCENA VIII
Dichos, **Julia**

Julia

Señora.

Condesa

Qué es...

Julia

El abogado quiere hablar a usted con urgencia.

Condesa

Ya has oído; seré intransigente con toda locura de tu parte.

Carlos

Señora...

(*Va a besarle la mano, y ella la retira*)

Condesa

(*A Julia*) Te dejo con él algunos instantes. Cúmpleme tu promesa.

Julia

Bien está, señora.

ESCENA IX
Carlos y Julia

Julia

¿La señora ha hablado a usted de lo que yo presumía?

Carlos

Sí, pero no he querido aceptar. Insiste en suponer que el amor a alguna otra es causa de mi repulsa; tal vez sospecha la verdad y lo temo.

Julia

¿Se ha negado usted?

Carlos

¿Y tú me lo preguntas?

Julia

Ha hecho usted mal.

Carlos

Qué, ¿desapruebas mi repulsa?

Julia

Debo persuadir a usted que acepte.

Carlos

¿Qué escucho?

Julia

Creo que la boda labrará su ventura.

Carlos

No te comprendo, Julia; pero lo que dices me hiere el corazón; explícate por piedad.

Julia

(¡Cielos, dame fuerzas! Mi deber, mi gratitud lo exigen. ¡Estoy resuelta!) Debe usted casarse; seré muy dichosa si lo hace.

Carlos

¿Dichosa tú?

Julia

¿Quién lo duda? ¿No ve usted que estoy contenta?

Carlos

Te burlas de mí, y esa burla es un martirio.

Julia

(Insistamos; ¡destrózate, alma mía!) Seré dichosa, porque así terminará su loca pretensión. También será usted feliz.

Carlos

¡Oh! Sí, mucho.

Julia

Las dulzuras del matrimonio con una joven rica y bella, porque su futura lo es, ¿no es verdad?, acabarán por borrar de su mente el infundado capricho que he tenido la desgracia de inspirarle.

Carlos

¡Capricho! ¿Qué estás diciendo?

Julia

¿Qué otra cosa pudiera ser? Desengáñese usted amigo mío; usted no puede sentir por mí más que un capricho pasajero.

Carlos

¿Pero qué estás diciendo?

Julia

En cambio, la esposa que le preparan se halla en otro caso, pues su condición social es muy distinta, y ofrece garantías que un enlace desigual no podría brindar a usted.

Carlos

(Con ironía.) ¡Bien, muy bien!

Julia

Además, su señora madre quiere la felicidad de usted, la espera de dicho matrimonio, y creo que el cariño maternal no puede aconsejar a usted un disparate. (¡Ah! No puedo más.)

Carlos

Calla, calla por el cielo.

Julia

Por lo que hace a mí, no sería justo que trastornase los proyectos de mi bienhechora, y sólo me es dado aspirar a quien no tenga que ruborizarse por haberme amado. (Sí, soledad y muerte deben ser mi único consorcio.)

Carlos

¿Pero a qué objeciones tan inoportunas? Si tú me amas, si yo estoy dispuesto a sacrificarlo todo por ti, ¿por qué ponerte ahora de parte de mi madre para darme consejos que rechazo? Cesa, pues, de atormentarme y no trates de oponerte a lo que está resuelto. Deja que triunfe un destino tan grato para mí: el de ser tu esposo, en otros países a donde no alcanzan las ruines preocupaciones del color y de razas que aquí nos mortifican.

Julia

Pero aquí imperan y aquí vivimos.

Carlos

¿Qué importa lo que piense de nosotros una sociedad que te denigra, a ti, que debiera considerar por tus bellas prendas, y que eres para mí de más precio que una reina?

¿Es este pobre país todo el universo?

Julia

Por desgracia lo es hoy para nosotros.

Carlos

Grande es el mundo y en él caben muy bien dos cora-
zones generosos y puros que buscan y tienen derecho a la
felicidad.

Julia

¡Ah!

Carlos

No, no ha de faltar a dos pobres hijos de Dios un lugar en su inmensa obra, para amarle, amándose, y para
bendecirle con voz agradecida.

Julia

No, Carlos, no debe ser. (Acudamos a otro medio.
¡Dios mío, Dios mío! Debo hacer cuanto sea dable por persuadirle.) No debe, ni puede ser.

Carlos

Sí será.

Julia

¿Y qué es eso de amarme sin saber si me es lícito escuchar sus votos? ¿Sabe usted si me pertenezco?

Carlos

Sin embargo, hace poco, cuando mi madre nos inte-
rrumpió, me dijiste que me amabas.

Julia

¿He podido decir tal cosa?

Carlos

Vamos, el lance es inaudito.

Julia

¡Ah! ¿Qué quería usted que hiciese? Estaba usted tan exigente, la señora iba a sorprender nuestra conversación, y dije a usted lo que no sentía... Sí, lo que no podía menos de decir para salir del apuro... (¡Quisiera morir en este instante!)

Carlos

¡Cómo! ¡Qué oigo!

Julia

Lo que no debía sentir, ni mucho menos confesar.

Carlos

¿Eso dices? ¡Qué infamia! ¡Oh! Te engañas, Julia; quieres atormentarme por gusto. Te suplico que cese tan horrible chanza.

Julia

Óigame usted. (Estoy obligada y debo cumplir. Vaya, pues, y que Dios tenga piedad de mí.)

Carlos

¿Qué piensas?... Habla, por Dios.

Julia

No puedo ser de usted jamás; ya he dicho que no me pertenezco.

Carlos

¡No comprendo!

Julia

Pues compréndalo usted, y no me importune más; sería inútil. Estoy enamorada de otro.

Carlos

¡Qué dices!

Julia

Suplico a usted que no me hable más de amor; no me es lícito escucharle sin faltar a la fe jurada.

Carlos

Entonces...

Julia

(*Con afectada firmeza*) Basta, por Dios. (¡Cielos, ténmelo en cuenta! ¿Qué más exiges de mí?)

ESCENA X
Dichos, La Condesa

Condesa

Hijo mío, entérate de eso.

(*Le da un papel*)

Carlos

Madre, por piedad...

Condesa

Sí, lee.

Carlos

¿Qué quiere decir esto? Mi cabeza no está para comprender, ni para discurrir, ni para nada.

Condesa

La ejecución de nuestro mejor ingenio; lo único libre que nos quedaba.

Carlos

¿Y qué me importa la fortuna?

Condesa

Pues bien: renunciaré a mi título, el nombre de una antigua familia. No seré yo quien lleve un título sin rentas. ¡Y ser en mí en quien deba morir un nombre benemérito! Daré gusto a mi hijo aun a costa de mi sonrojo. ¡Todo sea por Dios... sea lo que quieras, hijo mío!

Carlos

(*Indeciso*) Madre... (*Acercándose a Julia*) Julia, una palabra.

Julia

Debe usted casarse; no puedo amarle.

Carlos

Pero...

Julia

Ya lo dije... amo a otro, soy de otro.

Carlos

¡Qué escucho!

Julia

Me fuerza usted a decirlo: no seré de usted jamás.

Condesa

¿Qué ocurre?

Julia

(*A Carlos*) ¡Por Dios, silencio!

Carlos

(*Con fría desesperación*) Señora... estoy resuelto.

Condesa

¡Qué!

Carlos

Me casaré.

Condesa

(*Abrazándole*) Gracias, hijo mío, gracias.

Julia

(*Apoyándose en una silla*) ¡Ay de mí!

Cae el telón.

ACTO SEGUNDO

Sala en casa de la condesa, formada por telón de arcos. El paso entre éste y el de fondo conduce del exterior, que se supone a la derecha del actor, al interior de la casa, que se supone a la izquierda. De este lado y cerca del proscenio una puerta; a la derecha un balcón o ventana en segundo término. Mesa con libros y recado de escribir a la derecha del actor; a la izquierda, un sofá.

ESCENA I

Julia *(sentada leyendo)*

Julia

"Bienaventurados los que lloran, porque ellos serán consolados." *(Deja de leer)* ¡Ah! ¡quién tuviera en el alma la serenidad con que el divino profeta de Nazareth emitía estas palabras! ¡"Los que lloran serán consolados"! Quizá no soy digna de consuelo, pues en vano le busco. ¡Libro afectuoso, mi único amigo en esta soledad de mi existencia! Tus dulces palabras serían bálsamo eficaz para mi alma, si su herida no fuese incurable. Hoy es día decisivo para mí. En breve llegarán ella y don Críspulo. La Condesa, deseosa de obsequiarles, ha insistido en que la exploración de las voluntades se verifique aquí y no en casa de la novia según costumbre: esto aumentará mi

tormento. Ojalá que pueda yo tener la serenidad y firmeza que necesito y de que empiezo a carecer. ¡Ah! ¡si pudiese abandonar esta casa!

ESCENA II
Julia, D. Críspulo, Emilia

Críspulo
Buenas noches, muchacha. Mi señora la condesa...

Emilia
(*Con desdén*) Adiós...

Julia
Sírvanse ustedes tomar asiento; no tardará en venir,
voy a avisarla. (¡Tan orgullosa!)

(*Vase*)

ESCENA III
D. Críspulo, Emilia

Críspulo
Graciosa muchacha es esta Julia, pero un poco mal-
criada; trata a todo el mundo como si fuera su igual. Ya

se ve: ¡la condesa la tiene tan *consentida*!

Emilia

¿Graciosa dice usted, papá? En su clase no diré que no; aunque pretende vestir y darse el tono y maneras de señorita, siempre se trasluce su condición.

Críspulo

En eso no estamos de acuerdo: es casi blanca o lo parece, es bonita, fina y elegante; si no supiésemos que es hija de una mulata esclava, según se dice, tal vez la admitiríamos como a otros que tratan de disimular su origen entre las personas bien nacidas.

Emilia

Algo da el roce con su señora y algo toma de las gentes con quienes aquélla se trata. Y en verdad que hace muy mal la condesa en imponerla a sus conocidos. Por poco, a no haberla mirado con el desdén que merece... ¡qué sé yo! Creo que se hubiese atrevido a darme la mano.

Críspulo

Emilia, es necesario tener un poco de indulgencia, no por ella precisamente, sino por la condesa, que pronto será tu suegra.

Emilia

No transijo con mulatas.

Críspulo

La muchacha es crianza suya, como suele decirse, y la quiere y estima, habiéndola educado cual si fuese una joven decente; forzoso es no disgustar a una señora tan principal, mostrando repugnancia hacia su obra.

Emilia

Con tal que esa muchacha no pretenda emparejarse...
Además, no veo que tengamos que adular tanto a la condesa; no somos tan pobretones. Al paso que ella...

Críspulo

No está muy boyante que digamos.

Emilia

Si su hijo lleva un título, yo llevaré lo que acaso tenga que envidiarnos. Ni yo estoy tan descontenta de mi
mérito: cada cual lo suyo.

Críspulo

Pero enlazarte con un apellido como el suyo vale algo.

Emilia

Yo creo que no tanto como para aceptarlo sin condiciones.

Críspulo

Pero eso de que tus hijos puedan ser parientes del rey
que rabió...

Emilia

¡Vaya!

Críspulo

La condesa me dijo el otro día que tiene qué se yo
cuántos abuelos.

Emilia

¡Toma! Abuelos los tiene todo el mundo.

Críspulo

Pero no conocidos. ¿Sé yo por ventura quiénes fueron los primeros de mi apellido que hubo en el mundo?

Emilia

¿Y qué falta le hace eso? Llamarse condesa es algo, pero lo de adquirir genealogías, usted mismo me ha dicho que es muy fácil.

Críspulo

No, señora. El mundo burlón distingue las legítimas de las supuestas, y por lo tanto aquéllas son preferibles. Tales cosas, aunque nada valen en apariencia, no dejan de darle a uno cierta importancia y son más positivas de lo que se piensa.

Emilia

Verdad es que muchos afectan desdeñarlas y las buscan.

Críspulo

Yo soy más franco. Cuando comencé a tener dinero, creía que el oro era lo mejor del mundo; pero luego que lo tuve en abundancia, me pareció que necesitaba otra cosa para hacerlo valer. Es singular: al oro sienta bien el oropel.

Emilia

No lo creo, papá.

Críspulo

Yo tengo que *encondarme o enmarquesarme* para que olviden que vine a América como polizón.

Emilia

¡Jesús, papá, qué cosas dice usted!

Críspulo

Además, quiero que puedas pavonearte llamándote condesa.

Emilia

Pero papá, ¿no podría yo serlo con tanto dinero como tiene usted para conseguirlo, sin recurrir a un casamiento? A la verdad, me hallo muy bien soltera.

Críspulo

No conviene.

Emilia

¡Es un gusto tener varios pretendientes que adulan, que ruegan, que le dicen a una tantas cosas agradables, haciéndose pedazos por complacerla, porque acepte de sus manos un ramillete, o baile con ellos una danza!

Críspulo

Repito que no conviene.

Emilia

Y luego tener el gusto de hacerles esperar o de lanzarles un no que les desconsuele... ¡Ya! en casándome, todo esto se acabará.

Críspulo

Nada de eso está bien, señorita. En cuanto a mí, pudiera hacerme conde de *Bemba* o marqués de la *Macagua*, pero son solares muy nuevos y hasta oscuros; y como todos en La Habana me conocen por don Críspulo, sucedería

que al llamarme conde de *Bemba*, por ejemplo, ¿quién es
él?, preguntarían. Hombre, ¿quién va a ser? Don Críspulo; teniendo al fin que firmar para ser reconocido: El
conde de Bemba (alias) Don Críspulo. ¡Buena se armaría
entonces en el muelle y en otros puntos de la ciudad donde soy tan conocido! Luego tú al llamarte por herencia la
condesita de Bemba...

Emilia

¡Uf! ¡Qué título!

Críspulo

Otros hay peores. Te verías expuesta a que añadie-
ran: la hija de Don Críspulo; y eso de Don Críspulo a se-
cas es cosa intolerable. No, hija mía; quiero dejar de ser
el villano enriquecido; quisiera ser llamado Conde de la
Edad Media, o qué sé yo, como dice la condesa tu futura
suegra.

Emilia

Yo lo decía, porque me place mucho estar en aptitud
de elegir... y luego, como soy rica tengo de sobra ocasión
para hacerlo cuando y como quiera.

Críspulo

No es tan fácil.

Emilia

Será así para las que no tienen sobre qué caerse
muertas.

Críspulo

Para todas.

Emilia

No, papá, no estoy en ese caso.

Críspulo

Todas las mujeres lo están.

Emilia

¿Yo también?

Críspulo

También; bueno es lo seguro.

Emilia

Papá, usted me ofende.

Críspulo

Nada de eso.

Emilia

Usted supone que yo no tengo mérito suficiente.

Críspulo

¿Quién ha dicho tal?

Emilia

Cuando todo el mundo me halaga y me dicen cuantos me conocen que soy bonita, que soy adorable.

Críspulo

Te adulan porque quieren tu dinero, y éste puede perderse.

Emilia

Papá, está usted muy cruel conmigo, muy tirano.

Críspulo

La verdad en medio de todo.

Emilia

Pues yo no quiero que me la digan. No puedo sufrirla, no quiero.

(Llora)

Críspulo

Pero muchacha...

Emilia

Nada: usted no quiere a su hija cuando así la trata.

Críspulo

¿Que no te quiero?

Emilia

No señor...

Críspulo

Pero calla, por Dios, que viene la condesa. (Será lo que tú quieras.)

ESCENA IV
Dichos, La Condesa

Condesa

Buenas noches, señor don Críspulo; adiós, Emilia.

(*Se besan*)

Emilia

Señora...

Críspulo

Beso los pies de mi señora la condesa.

Condesa

Tomen ustedes asiento. Habrá que aguardar un poco, pues no han venido aún los de la curia.

Críspulo

¿Conque vamos a ser, como quien dice, hermanos?

Condesa

(*Sonrojada*) Así parece.

Críspulo

¡Oh, señora, cuánta es mi satisfacción! ¡Ver la nobleza de la sangre y la del dinero enlazadas en nuestros hijos!

Condesa

No muestra Emilia la misma satisfacción; por lo menos, guarda silencio.

Críspulo

Quien calla otorga.

Emilia

Repito lo que dije hace poco a mi papá: que por muy halagüeño que me parezca el matrimonio, siento perder la libertad a que estoy acostumbrada.

Condesa

¿Y por qué habría usted de perderla?

Emilia

Cuando una está acostumbrada a hacer su gusto, porque papá es tan bueno que me ha dejado hacer siempre mi voluntad, teme una que el marido que se la propone no piense del mismo modo.

Críspulo

Todo lo hace una buena elección.

Emilia

Esto, como usted comprenderá, es natural que me inspire alguna desconfianza, y que el casamiento se mire por una joven como yo, con cierta prevención desfavorable.

Condesa

En tal caso, Emilia, puede usted estar satisfecha. Mi hijo es sobrado leal y generoso para tiranizar a la que lleve su nombre: respondo de él en este concepto como en lo demás. Creo por lo tanto, que llegaréis a ser muy dichosos y que su papá y yo no tendremos que arrepentirnos de haber promovido vuestro enlace; así me lo prometo.

Críspulo

La señora condesa tiene razón. ¿No es verdad, hija mía?

Emilia

(*Como distraída*) Sí...

ESCENA V
Dichos, Julia *y luego* Carlos

Julia

Señora, el notario eclesiástico y los testigos aguardan en el salón.

Condesa

¿Oyen ustedes? Llegó el momento de *tomar los dichos* a los novios. Es trámite de costumbre. He suplicado a ustedes me permitiesen verificar esta ceremonia en casa, con el fin de obsequiarles con una corta fiesta que deseo sea de su gusto. Y Carlos, ¿dónde está?

Críspulo

Véale usted.

Carlos

(*Saliendo*) (¡Valor, sostén mi cuerpo!)

Julia

(¡Dios mío! Ya que aceptáis mi sacrificio, dadme las fuerzas necesarias para cumplirlo.)

Críspulo

Bienvenido el novio.

Carlos

(*Saluda con frialdad*) Señorita...

Emilia

(*Ídem*) Adiós, Carlos.

Condesa

Carlos, el brazo a tu novia. (Ánimo, por Dios.) Pasemos al salón.

Críspulo

(*Dándole el brazo*) Señora condesa...

(*Vanse todos menos Julia*)

ESCENA VI
Julia, *sola*

Julia

¡No se aman y van a unirse! El sí que van a pronunciar es una blasfemia. ¡En mis labios y en los de Carlos sería una verdad que nos abriría en la tierra un paraíso! Cuando pienso que podría decir a esa joven altanera: "Un puesto que sólo el amor debe dar, no pertenece a usted; usted es indigna de estrechar esa mano. Ese hombre tampoco le pertenece, porque ama a otra, porque me ama, sí, a mí, y porque yo le idolatro. Usted con toda su soberbia no es capaz de comprender ni estimar ese tesoro. Ese tesoro pertenece a la pobre mujer que usted desprecia, pero que tiene más derecho que usted al puesto que fríamente le ha robado. Escuche usted, mujer vanidosa y yerta como el egoísmo. ¿Quiere usted hacer la prueba? Pronuncie el nombre de Julia a los oídos de ese hombre, y verá cómo palpita su corazón". ¡Ah! Sí, debe abrasarse al oír este nombre, como se abrasa el mío en estos momentos; sólo que él podrá tal vez disimularlo, y yo estoy a punto de morir. No, no puedo más. No debo dejar que el ingrato me inmole así. ¿Ingrato él cuando sólo aguardaba mi respuesta para ser mío toda la vida? ¡Ah! La ingrata soy yo; ¡pero soy tan desgraciada! Debo ir a impedir un enlace que me asesina, y después... después moriré; pero mi muerte le dejaría desolado y triste; yo quisiera que fuese feliz... ¡Dios mío, Dios mío! Serena mi frente, mi cabeza, porque voy a volverme loca. Viviendo él, quizá, llegaría a amarla... No, no; estoy resuelta: debo impedir tan sacrílego enlace; que viva y ame a quien yo no conozca, cuando yo lo ignore y no pueda estorbarlo... Sí, sí, voy a impedirlo, y sea lo que Dios quiera.

(*Va a salir y se detiene al ver a Luis que viene de la calle*)

ESCENA VII
Julia, Luis

Julia

¡Ah!

Luis

Dígame usted... Carlos...

Julia

Está... no sé... ¡ah!

(*Se oprime las sienes en actitud desesperada*)

Luis

¿Qué tiene usted? Está usted muy conmovida; tranquilícese usted.

(Julia, muda de dolor y desesperación, le muestra con un consternado ademán a Carlos y Emilia que salen del brazo y seguidos de D. Críspulo y la Condesa. Vase con precipitación por la izquierda.)

Luis

La turbación de esa joven, la repugnancia de Carlos hacia la boda... vamos, aquí hay gato encerrado.

ESCENA VIII

Luis, La Condesa, D. Críspulo, Emilia, Carlos

Críspulo

En mi vida he visto novios tan fríos; puede decirse que se aman con la más completa indiferencia.

Condesa

Se comprende: la turbación del momento.

Carlos

Hola Luis, ¿qué traes de nuevo? (*A Críspulo y Emilia*) Mi amigo Don Luis de Robles.

(Sitúanse los interlocutores del modo siguiente: La Condesa y Don Críspulo sentados en el sofá, conversan entre sí. Emilia, sentada junto al velador que habrá al

*otro extremo, se entretiene en hojear un álbum. Carlos
permanece de pie en el centro de la escena siguiendo el
movimiento del diálogo)*

Emilia

(¡Calla! Es mi enamorado incógnito.)

Luis

(*Después de saludar a todos en general, se dirige a
Carlos*) ¿Al fin te has resuelto?

Carlos

¿Qué quieres? Pero no me hables de eso.

Luis

Insisto porque me parece que no estás contento.

Críspulo

(*A la Condesa indicando una condecoración que él lleva en el pecho*) Me la consiguió un amigo de Madrid; por
cierto que bien cara me cuesta. No es esto decir que me
deje llevar mucho de estos colgajos, pero ya comprenderá
usted que suelen ser convenientes.

Condesa

(Así dicen todos.)

Luis

(*A Carlos*) ¡Qué escucho! ¿Según eso, te alegrarías de
que el casamiento no se verificase?

Carlos

Cuidado, que pueden oírte.

Emilia

(*Dejando en la mesa el álbum*) (¡Jesús, qué fastidio! Y ese joven es amigo de Carlos. ¿Qué se dirán?)

Luis

(*Reflexionando*) (¡Un nuevo capricho de la novia producirá tal vez su resistencia al pactado himeneo; retrocediendo ella, tendría Carlos ocasión de hacer lo propio. En ello, el beneficio lo recibiríamos ambos; creo que puedo proceder sin ofender a mi amigo. Vamos allá.)

(*Se dirige a Emilia y saluda*)

Emilia

Caballero, tengo mucho gusto... (Me parece todavía más simpático de cerca.)

Condesa

¡Qué hace Luis!

Críspulo

¿Señora, no me oye usted?

Condesa

¡Ah! Sí, señor: decía usted que se promete un asiento en el Senado. (¡Qué hablarán esos muchachos! Si vendrá el tonto de Luis a entorpecer...)

Luis

Observo que el novio está algo caviloso y como intranquilo: no es así como debe mostrarse un hombre tan dichoso.

Emilia

¡Dichoso! ¿Qué dice usted?

(Carlos, que desde que presentó a Luis se ha mantenido paseando por el fondo como pensativo, al ver que la Condesa trata de hablarle, se acerca a ella por el lado opuesto a Críspulo)

Condesa

(A Carlos) ¿Por qué abandonas tu puesto?

Carlos

Déjeles usted, señora. Están más a gusto que si yo les interrumpiera. Además, no debo desde ahora darla de celoso.

Condesa

Pero tu indiferencia no es oportuna.

(Carlos se acerca a los jóvenes y al poco se retira)

Emilia

(A Luis) Obsérvela usted bien cuando la vea de cerca; la mezcla de sangre tiene señales infalibles. Usted me dirá, que por qué soy tan severa con ella, cuando hay tantos y tantas de su estofa en nuestra buena sociedad, que pasan por lo que no son; pero usted comprenderá que los tales, por lo menos, ya están admitidos.

Luis

(Cualquiera diría que esta Emilia no tiene nada que echarse en cara en la materia; pero eso, ¿quién lo sabe? No será ella por cierto quien lo revele.)

Condesa

Sí, Don Críspulo, estoy con usted en lo que me cuen-

ta: esos nobles de ayer son insufribles, al paso que la gen-
te de cuño viejo es más tratable. Ya se ve: en éstos es natural lo que en los otros artificio. Sobre todo los *alias* de
que ya hemos hablado... Sí, porque más bien parecen apo-
dos que títulos.

Emilia

En verdad que si por algo consentiré en casarme, será
por hacer que mi marido me lleve a viajar, a París sobre
todo; ¡qué hermoso debe ser!

*(Carlos, que ha vuelto a acercarse a Luis y Emilia, oye
esto último)*

Luis

¡Oh, oh!

Condesa

(Poniéndose de pie) (Tiempo es ya de interrumpir la
conversación de aquellos niños.) Vamos, pronto sonará la
orquesta. *(Al ver que algunos caballeros y señoras pasan
por el foro con dirección al salón)* Ya los convidados inun-
dan el salón. He querido festejar a los novios con un poco
de música y baile, no tanto porque me place celebrar este
día, cuanto para que vean ambos que no soy intolerante
con los placeres de la juventud. Todo va a ser alegría. *(Se
oye una orquesta que toca danza criolla)* A propósito, ya
tocan una danza.

Emilia

¡Ah! ¡Qué bueno!

Luis

¡Qué oigo! Esta danza es ¿para quién?

Condesa

Carlos, la primera es de rigor.

Carlos

Sí, señora, haré lo que usted ordene. (Estoy hecho un autómata.) Emilia...

(*Invitándola*)

Emilia

(*A Luis, indicándole a Carlos con pesar mal disimulado*) Ya usted ve. Bailaremos la segunda.

Luis

(*En alto*) Muy bien. (*A Emilia*) Va a parecerme demasiado larga. (Esto va en popa, y no pierdo la esperanza. ¡Dirá Carlos que no sirvo para nada! En este terreno le desafío. Que venga aquí con sus librotes y su juicio. ¡Bah, bah, bah!)

(*Vase tras la pareja*)

Condesa

Vamos también.

Críspulo

Los que ya no bailamos... En fin, buscaré a Don Serapio y jugaremos al tresillo.

(*Vase dando el brazo a la Condesa*)

ESCENA IX
Julia, *luego* Jorge

Julia

(*Saliendo por la puerta de la izquierda*) ¡Se van a bailar! Ellas tienen galanes, amigas, y yo... no tengo una sola amiga, y el que podría ser para mí otra cosa más grata, acaba de serme robado.

Jorge

(*Con librea de gala*) ¡Cómo Julia! ¿Qué haces por aquí? ¡Ah! ¡Qué cara tienes tan demudada! Tú sufres: cuéntame. Sabes que si ellos te rechazan, yo soy tu amigo. ¡Pobre Julia! ¡Si supiesen que a pesar de tu clase, podrías ir y decirles tantas cosas! Cosas que harían temblar a alguno de los que se están divirtiendo en ese salón. Mi señora no ha debido ocultártelo tanto tiempo; pero ella calla, y yo debo también callar: guardaré silencio... Además, no sé si mis palabras te harían más desgraciada.

Julia

¿Qué dices, Jorge? No te entiendo.

Jorge

Es una historia que cada vez que te veo triste, y sobre todo, cuando comprendo por qué lo estás, viene a mi memoria. Pero se acerca mi amito, y voy a servir a los blancos. Ea. Jorge, cierra la boca y a tu obligación.

(*Vase hacia el salón de baile*)

ESCENA X
Julia, Carlos

Carlos

(*Sin ver a Julia*) He endosado a Luis el resto de la danza, y vengo huyendo de ese salón en donde todo es tedio para mí... ¡Qué veo! ¡Julia!

Julia

¡Carlos! ¿Estaba usted tan mal en el baile, que así abandona a su pareja? ¿Cuánto mejor no se pasa allí? Se baila, se goza, se ama tal vez (en tanto que aquí se sufre, se llora.)

Carlos

Tú lo has querido... pero estás conmovida, sufres demasiado. Dices que allí se ama. ¿Quién? ¿Yo, por ventura? ¿No has tenido la crueldad de decirme que amas a otro? ¡Oh! no lo puedo creer. Dime que has mentido para obligarme a obedecer a mi madre.

Julia

¡Oh!

Carlos

Sí, has mentido, porque tú no puedes amar a otro que a mí. ¿No es verdad que no amas a otro? ¿Que es a mí a quien amas?

Julia

Dios no lo quiere así.

Carlos

¡Dios, Dios! El nos ha puesto juntos en la misma

senda. Los hombres, son los hombres los que pretenden separarnos. Dios quiere la fraternidad entre sus hijos. El no ha creado las preocupaciones sociales: El las combate con sus leyes de amor.

Julia

¡Ah! Carlos, huya usted de mí; piedad le pide mi corazón.

Carlos

¿Piedad de ti? Pídeme amor.

Julia

¡Carlos, Carlos!

Carlos

Pero tu acento, tus miradas, tu corazón te venden, ¡ah! Si no me amas, dímelo de otro modo para que lo crea.

Julia

(¡Qué lucha, Dios mío!) Por Dios, que van a encontrarnos aquí... Hágalo usted por mí...

Carlos

Por ti, sí; por ti hasta mi vida, hasta mi felicidad.

Julia

No, tal felicidad sería un remordimiento para mí. Y luego, acaso algún día, su familia odiándome por haber amado a usted, viéndome como la mancha de su nombre... sufrir su desprecio... ¡Ah! ¡No! Y usted tal vez entonces...

Carlos

Yo... ¿qué?

Julia

Usted participando de su desdén, de mi oprobio, de mi remordimiento...

Carlos

Julia, estás loca; ¿qué prefieres, qué pretendes?

Julia

¡Oh! No puede ser. Morir y nada más sólo me resta.

Carlos

No, tú me amas, te amo y no puedo consentir en tu desgracia. Yo adoro a Dios en ti, porque eres tú su ángel más hermoso. Háblanme de distancias sociales; las desprecio y te adoro.

Julia

(*Con ternura*) ¡Carlos! (*Este le toma las manos. Retirándolas*) ¡Ah! No, no.

ESCENA XI

Dichos. **Emilia** *y* **Luis** *del brazo, han podido ver el movimiento de* **Carlos** *por retener las manos de* **Julia. D. Críspulo** *y* **La Condesa.**

Emilia

¡Qué veo!

Julia y Carlos

(*Con sorpresa*) ¡Ah!

Emilia

Eso sólo me faltaba; ¡qué osadía! (*Se desprende del brazo de Luis y dice a D. Críspulo*) Señor, yo no debo sufrir semejante ofensa.

Condesa

¡Qué!

Críspulo

¿Qué me dices, hija mía? (*Emilia le habla al oído*) Señora Condesa, se hace a mi hija el poco favor de...

Condesa

¿Cómo?

Julia

(¡Dios mío, amparadme!)

Críspulo

¡Creer que mi hija pueda aceptar semejante competencia!

Condesa

Señor mío, no comprendo...

Carlos

Pero yo no puedo consentir...

Julia

(*A Carlos*) Silencio...

Luis

(¡Esto se enreda: magnífico!)

Emilia

No hay que dudarlo: aquí estaban muy asidos de las manos.

Condesa

¡Qué escucho!

Carlos y Julia

(¡Qué dice!)

Emilia

(*A Luis*) ¿No es verdad, caballero?

Luis

Es... innegable.

Críspulo

Señora, ya usted lo ve.

Condesa

Poco a poco: creo que ambos exageran... Carlos, Julia: explíquense ustedes.

Emilia

¡La muy atrevida!

Luis

(¡Cuando digo que la boda no se hará!)

Condesa

Caballero, no está bien que Emilia insulte así a esa muchacha. (¡Oh! ¡quién lo imaginara!)

Emilia

¡Sí, eso es; calle usted, papá, y deje que se me rivalice con una... mulata!

Carlos

¡Señorita!...

Julia

¡Ah!

(*Cae desmayada en el sofá de la izquierda*)

Carlos

(*Acudiendo a ella*) ¡Julia!

Condesa

(*Interponiéndose*) Carlos, no es ese tu lugar.

Emilia

No se apuren ustedes, es fingido: todas ellas son así... ¡tan melindrosas!

Carlos

Señorita, ¡muy bien!

Condesa

(*A don Críspulo*) Disimule usted a esta ocurrencia. Yo tomaré un partido que pondrá a cada uno en su lugar.

Críspulo

Pero...

Emilia

La boda no debe hacerse. Adiós, señora. Vamos, papá;

basta de baile.

Luis

(Y no se hará, según parece.)

Críspulo

(*Yéndose del brazo con Emilia*) ¡Y todo ello por una cuarterona!

Luis

(Anda, Luis, camina con valor tras (*indicando a Don Críspulo*) la fortuna.)

(*Vase tras ellos*)

Condesa

(*A Carlos, en tono de reconvención y tratando de apartarlo de Julia con alguna violencia*) ¡Carlos!

Cae el telón

ACTO TERCERO

La decoración del segundo acto

ESCENA I
La Condesa, Jorge

Jorge

Sí, señora; acaba de verla el médico, y dice que la calentura continúa bastante fuerte.

Condesa

¡Pobre muchacha! Ha pasado una noche muy agitada. Yo estuve, como sabes, a su cabecera hasta más de las doce. ¿Dices que en lo restante no descansó?

Jorge

No señora; según Juana, que veló junto a ella desde que se separó su merced, ha estado Julia con mucha inquietud y como delirando. No ha cesado de hablar de la muerte y otras cosas muy tristes, nombrando a su merced y al niño Carlos a cada momento, en medio de palabras que no hemos podido comprender.

Condesa

¿Y mi hijo?

Jorge

Parece que tampoco la pasó muy bien: le he sentido andar por su habitación toda la noche. Salió desde muy temprano y no ha vuelto; sin duda habrá almorzado fuera.

Condesa

(*Mirando su reloj*) ¡Son las dos de la tarde! Di a Juana que me espere en mi cuarto; allá iré dentro de algunos minutos; que no dejen un instante sola a la enferma.

Jorge

Se hará lo que manda su merced.

(*Vase*)

ESCENA II
Condesa, *sola*

Condesa

¡Lastima me causa esa infeliz; pero ha abusado cruelmente de mis bondades! Quiero suponer que haya sido alucinada por Carlos, cuyas ideas de llaneza me causaron siempre el mayor disgusto; pero darle oídos, alentando tal vez sus esperanzas, entorpecer así mis proyectos, es cosa que no puedo perdonarle. Preciso es que salga ella de casa y que no vuelvan a verse. Y gracias que he logrado persuadir de nuevo a don Críspulo. (*Pausa*) Sorpresa me ha causado, no la pasión de Carlos, sino el objeto. ¿Y cómo imaginar que tenía en casa la conjuración? Hola, señor don Críspulo.

ESCENA III
Condesa, Don Críspulo

Críspulo

Señora condesa, beso sus pies.

Condesa

Sin duda viene usted a decirme que está ya dispuesta Emilia.

Críspulo

Sí lo está, aunque no me ha costado poco vencer su repugnancia. Después de la entrevista que, a invitación de usted, tuvimos usted y yo aquí esta mañana, entrevista en que logró persuadirme de que esa muchacha no volverá a darnos otro mal rato, fui a casa y la emprendí con mi hija. La tarea era más difícil de lo que suponíamos; pues ella, que nunca tuvo grande apego a la boda, fundaba en el suceso de anoche grave resistencia. Hícela comprender que todo ello era una bagatela, y que alejada Julia de Carlos, a quien sin duda había seducido, pues cuidé de echar sobre ella toda la culpa, no habría que temer una rivalidad que Emilia juzgaba, y con razón, tan ofensiva. Hice todo lo posible ya que no era justo desistir de un matrimonio concertado y de mutua conveniencia, por un lance que al fin puede tener fácil remedio.

Condesa

Así, así, Don Críspulo; me place hallar en usted un hombre tan cuerdo, tan racional.

Críspulo

Por último, logré, si no convencerla, persuadirla, gracias a esos y otros argumentos.

Condesa

Ya lo esperaba yo de la discreción de usted y del respeto que ha sabido inspirar a Emilia, cuya docilidad es fruto de la buena educación que usted le ha dado.

Críspulo

Como decía, no han sido sólo verbales mis argumentos; los ha habido muy positivos. A más del regalo de boda que le tenía prometido, y que será cuantioso como usted sabe, le he ofrecido hoy un magnífico tronco de caballos del Canadá, y el mejor y más costoso aderezo que a su gusto encuentre en la ciudad; además, un viaje a Europa en que Carlos habrá de consentir, no sólo por ser de su gusto, cuanto como medio de separar a Carlos de...

Condesa

Al fin, lo principal es casarlos: después, entre usted y yo arreglaremos las cosas según convenga a ellos mismos. Usted sabe que entre nosotros siempre ha reinado la mayor cordialidad, y que siempre nos hemos entendido.

Críspulo

Por supuesto... Pero es preciso que esa chica...

Condesa

Pierda usted cuidado. Tan luego como pueda salir, dejará esta casa y corre de mi cuenta componerlo de modo que ella y mi hijo no vuelvan a verse.

Críspulo

No tanto por mí como por Emilia. Ante el paso de ayer noche, ni usted ni yo podíamos permanecer impasibles. Yo encolerizado me expresé con alguna dureza; pero la noche trae consejo y hemos reflexionado, acabando por convencernos de que entre personas que saben de mundo y de negocios, no es cosa de abandonar uno brillante porque esos tontuelos interpongan su capricho. Yo me juzgaría tonto, si al cabo de mi carrera me detuviese una bicoca, cuando he pasado por cosas mayores al realizar otros negocios.

Condesa

Y es como debe ser.

Críspulo

Ahora lo que falta es ver cómo persuadimos a Emilia en la cuestión de tiempo. Está dispuesta, pero pretende dilatar el casamiento hasta verse segura de que no ocurrirá otro lance parecido.

Condesa

Todo lo contrario. Es forzoso persuadirla de que debe verificarse la boda cuanto antes, hoy mismo; así podremos disponer de ellos mejor.

Críspulo

¡Hoy! Tan pronto... ¡qué dice usted!

Condesa

Dentro de una hora o antes; no hay tiempo que perder.

Críspulo

Pero ella no consentirá...

Condesa

Una joven bien educada por usted debe ser sumisa y obediente. Todo está listo. Se han obtenido las dispensas necesarias, y se casarán aquí en casa a despacho cerrado dentro de media hora, tan luego como vuelva usted y Carlos venga.

Críspulo

¿Y cómo convencer a mi hija? ¿Ella que está acostumbrada a hacer su santa voluntad? Yo, no hay duda que la he educado bien, como usted dice: pero no sé quien diablos la ha enseñado a decir *no, o lo quiero así*, según se le antoja, y voy a tener una escena en que Dios me ampare.

Condesa

¡Y qué! ¿No tiene usted medios idénticos a los que empleó esta mañana? Refuerce usted los argumentos y ya verá si triunfa.

Críspulo

Sí, pero...

Condesa

Si ella ha consentido en lo mayor, doblando las promesas consentirá en lo menor.

Críspulo

Es que ya me cuestan sus remilgos más de lo que usted presume.

Condesa

¿No es la única hija de su corazón? ¿Lo que usted posee no será todo para ella? Don Críspulo, vaya usted pronto, es urgente, indispensable. Puede usted decirle que el casamiento de Carlos será desengaño y castigo para esa malhadada Julia, que tan funesta ha venido a ser a nuestros planes.

Críspulo

Ya que es así, trataré de persuadirla, y Dios lo quiera.

Condesa

Quedo aguardándolos. Nada de ceremonias, ¿entiende usted? Será cosa puramente privada y de familia; nada de gran *toilette*; traje de calle o familiar, y nada más. La prontitud es lo que importa.

Críspulo

Vaya, probemos pues.

(*Vase*)

ESCENA IV
Condesa *sola*

Condesa

¡Gracias a Dios! Al fin creo que por parte de éstos conseguiré mis deseos. ¡Ojalá pudiese decir lo mismo respecto de Carlos! Aún no lo he visto desde anoche, y temo que no venga en todo el día, faltando oportunamente. ¿Qué pensará? En verdad que me intranquiliza su tardanza. Pero vendrá: porque sin duda desea saber cómo sigue la enferma; y como cree que el proyecto del matrimonio está deshecho... Aquí viene, ¡ah! ¡que me place!

ESCENA V
Condesa, Carlos

Carlos

¡Señora!...

Condesa

Te aguardaba...

Carlos

Y yo, si quiere usted que sea sincero, le diré que temía encontrarla.

Condesa

El culpable teme a su juez.

Carlos

¡Yo culpable!

Condesa

¿Lo dudas?

Carlos

Mi conciencia está tranquila.

Condesa

Entonces debe ser sobrado elástica.

Carlos

A fe que no comprendo ese lenguaje, madre mía.

Condesa

¿Hallarás infundado mi enojo después de lo que ha pasado?

Carlos

¡Ah! ya comprendo; y si no acertaba, era por no juzgar grave delito de lo que es natural y honrado.

Condesa

A no ser que supongas que debo estar satisfecha de ti y aun aplaudir tu falta de respeto. ¡Bueno sería que se hubiese roto por semejante escándalo, un proyecto de boda generalmente conocido!

Carlos

¡Qué oigo!

Condesa

No es posible retroceder.

Carlos

¡Ah!

Condesa

¿Osarías pretenderlo?

Carlos

Es decir, que insiste usted aún...

Condesa

¿Y por qué no? Allanado el nuevo inconveniente que presentó una ocurrencia que no quisiera recordar, sólo debo pensar en que no se repitan tales escenas por demás desagradables. ¡Olvidarse de sí mismo hasta ese punto; poner tus ojos en quien debieras respetar, sobre todo por la consideración que me debes!

Carlos

Señora, repito que mis fines son honrados.

Condesa

No basta esa protesta de seguridad. Vista la diferen-

cia de condiciones que jamás consentiría en allanar, ¿qué
fines honrosos podrían esperarse? No estoy dispuesta a
tolerar locuras; he resuelto que se verifique el matrimonio cuanto antes.

Carlos

Pero es necesario disponer...

Condesa

Todo está dispuesto. Ella renunciará a sus ilusiones
al ver reforzada la barrera que debe existir entre los dos.
Su educación ha sido honrada, y si no es indigna de los
principios que le he inculcado, si no es ingrata a mis beneficios, se conformará con su deber.

Carlos

Semejante precipitación, señora, es imposible.

Condesa

Está resuelto.

Carlos

Pero...

Condesa

Una palabra más, en oposición, y esa muchacha saldrá ahora mismo de esta casa; lo exige el honor de mi familia, mi decoro.

Carlos

(Resignémonos por ahora, ganemos tiempo.) Callaré.

Condesa

Voy a terminar los preparativos. Carlos, quiero ser

obedecida. Aguárdame aquí un momento.

Carlos

Semejante precisión...

Condesa

Caballero, el hijo que no obedece, no honra a su madre: repito que me aguarde usted, que no salga de casa sin mi venia. Yo se lo mando.

Carlos

Bien está, señora.

ESCENA VI
Carlos, *solo*

Carlos

Aguardaré, pero en vano. Quizás al obedecerla ahora, lo hago por última vez. ¡Yo que me prometía que Emilia y su padre habían desistido! Pero ya se ve, el don Críspulo es un verdadero acéfalo ante mi madre, y como tal un autómata. Respecto de Emilia, ¿quién fía en la voluntad de una mujer tan necia? ¡Mi madre les ha hablado sin duda y les ha convencido! Ellos, que en medio de tanta vanidad tienen tan pocos escrúpulos cuando se trata de sus intereses o su ambición... Está visto que mi madre, tenaz como siempre, no retrocede, y mi esperanza queda desvanecida con la nueva aceptación de don Críspulo y su hija. Por fortuna había previsto el caso y trabajaba por mi cuenta. Partiré, llevaré conmigo a Julia, si quiere seguir-

me, a otros países en donde no imperan estas mezquinas
preocupaciones coloniales. Una vez allí, mi madre habrá
de perdonarnos y aceptar mis socorros, si es que, como
teme, nuestra fortuna desaparece con mi repulsa al matrimonio que me exige. ¡Oh madre mía! Yo trabajaré para
que tengas opulencia si es preciso; ¿pero debo plegarme a
la injusticia? ¿Debo inmolar a tu ambición la dicha de dos
seres que tú no puedes menos de amar? ¡Oh! Yo creo que
Dios me escucha; y Él, que penetra las intenciones, no
puede ver en mí un hijo ingrato... Oye, Jorge; y Julia
¿cómo está?

ESCENA VII
Carlos y Jorge

Jorge
La calentura no disminuye. Ahora voy a la botica por
esta receta que acaba de dejar el médico.

Carlos
A ver: una preparación calmante de las más enérgi-
cas. Por supuesto que el doctor habrá dejado instrucción
clara del tiempo y forma en que debe la enferma tomar
esta bebida.

Jorge
Una cucharada cada dos horas.

Carlos
Ten cuidado. Si tomase algo más, sería peligroso y tal

vez mortal.

Jorge

Esté su merced tranquilo.

Carlos

Bueno, ve corriendo... A propósito... Oye: pienso partir cuanto antes, tan luego como pueda burlar la vigilancia de mi madre...

Jorge

Mande el niño Carlos.

Carlos

Estoy decidido. Trataré de persuadir a Julia a que me siga.

Jorge

¡Ah! Comprendo.

Carlos

Tú le servirás de guía y custodia cuando llegue el caso, es decir, tan luego como esté en disposición de ponerse en camino. Le facilitarás todos los medios, e iréis a reuniros conmigo en donde ella te dirá. ¿Habrá modo de que reciba ahora una carta mía?

Jorge

La señora mandó que no se dejase entrar en la habitación de Julia más que al médico. Juana la asiste con igual orden.

Carlos

¡Fatalidad! Se pierde un tiempo precioso... ¡Si yo pudiese hablarle! ¿Donde está la señora?

Jorge

¡Ah! niño. Si la señora viese a su merced acercarse al cuarto de la enferma, todo se lo llevaría el diablo.

Carlos

Es verdad, tienes razón; y lo que más conviene es que no sospeche de mi proyecto... Escribiré, y cuando regreses con la medicina, harás porque llegue a manos de Julia una carta. Ve, pues, a la botica, y vuelve a buscarme aquí o en mi cuarto. (*Vase Jorge*) Necesito marchar antes de lo que pensaba. Haré porque ella parta después con Jorge. Por lo pronto permaneceré soltero y libre. Mientras no sea de otra, puedo ser suyo. (*Va a escribir y desiste al ver a la Condesa*) ¡Ah! ¡Mi madre!

ESCENA VIII
Carlos, La Condesa

Condesa

Te encuentro aquí, lo esperaba, y agradezco tu obediencia.

Carlos

Debe usted estar satisfecha. Sólo me resta suplicar a usted dilate por un día, por algunas horas...

Condesa

No puede ser, Carlos.

Carlos

Lo suplico, lo ruego, madre mía; ¡tal presteza en

asunto tan serio!...

Condesa

Por lo mismo que lo es, debe apresurarse.

Carlos

Tengo que disponer aún algunas cosas.

Condesa

Es imposible perder más tiempo; ya he dado mi palabra, y todo está listo. Lo demás nos expondría a interpretaciones que no nos favorecen. Cuando ignoraba lo que ahora sé, podía ser más indulgente; ahora tienes que hacerte perdonar y tranquilizarme respecto de un particular sumamente delicado.

Carlos

Es decir, que veo burlada del todo mi esperanza. Cuando creía que lo ocurrido podría retardar esa funesta boda, viene por lo contrario a precipitarla ¡Soy muy desgraciado, ciertamente!

Condesa

Te casarás hoy, y saldréis en seguida para el ingenio. En cuanto a esa muchacha, es forzoso que purgue su osadía; y tan luego como esté buena...

Carlos

¿Qué piensa usted hacer, señora? Es inocente. Si escuchó mis amorosas palabras, no ha sido sin grave resistencia, y sólo cediendo a mi importunidad. Madre, ¿qué piensa usted hacer de ella? Debo saberlo.

Condesa

Pretendo evitar la deshonra de mi casa; evidenciar

que niego toda indulgencia a unas relaciones desiguales
y peligrosas. El buen nombre de nuestra familia está por
medio, y por consiguiente, ha terminado mi censurable
bondad. Debo hacerte comprender si lo has olvidado, como
parece, que Julia ha debido ser sagrada para ti. Preciso
es que yo te recuerde la cordura, ya que tus pretensiones
absurdas la desmienten.

Carlos

Pues bien, madre: yo la amo y no consentiré que se la
ofenda ni trate mal. Si no es igual a mí por la cuna, está
tal vez más alta que yo por su corazón; más alta, sí, por
que yo he podido mostrar la voluntad de un hombre, y
sólo he mostrado la debilidad de un niño. Deberes tiene
el hijo, pero también los tiene la razón, y no he sabido al-
zarme en favor de ésta. ¡Que no es igual a mí... pobre sarcasmo!

Condesa

¡Igual a ti! ¡Llaneza incomprensible! ¡Es decir, que
eres igual a la hija de la esclava María! El padre de esa
muchacha, que era su dueño, vendió a otro la madre con
ella en su seno, avergonzándose del fruto que iba a resul-
tar de su extravío. ¿Eres, pues, igual a esa muchacha que
su mismo padre negó antes de nacer y que negaría hoy si
la conociese?

Carlos

No importa, señora. Eso añade mayor interés a su
desgracia. Yo que la amo, no debo abandonarla aunque
me llamen loco. Sé que usted tiene buen corazón, madre
mía, y que no tocará uno solo de sus cabellos; ¿pero eso
evitará que sea despreciada y confinada, sábelo Dios, por
el crimen de haberme inspirado amor? Si ella es infeliz
desde la cuna, ya que la cuna es delito para ciertos seres;
si un padre inicuo, por evitar que saliese a su rostro la

prueba de un censurable descarrío o por el vil interés de
su codicia (cosa no muy rara entre nosotros) la vendió
antes de nacer: si el mundo la convirtió en mercancía
cuando aún pertenecía exclusivamente a Dios; si entonces la única mano bienhechora que la sacó de su estado;
si usted, madre, al decirle: levántate y mira al cielo que
es nuestro origen, lo hizo para dejar caer sobre su frente
algún día, por la culpa sólo de haber amado, el manoplazo
feudal de la soberbia; yo que la amo, porque el cielo la
hizo interesante y amable a mis ojos, soy quien debo in-
demnizarla de los males que le ha causado el mundo; yo
debo presentarla ante Dios diciendo: Señor, tú la creaste
tuya, y los hombres te la han robado. Ella que es tu hija,
ha sido vendida como Tú también lo fuiste, por uno de los
seres que venden su sangre, por uno de los Judas que
existen en el mundo para cambiar las almas por dinero;
yo, pues, la rescato con mi amor, y la devuelvo a su celeste
origen.

Condesa

¡Qué escucho! Apenas creo lo que oigo. Me avergüen-
zo de tus palabras. Estás loco, sin duda. ¡Y es mi hijo
quien profiere tales desacatos, y ante mí se permite tales
palabras! Ahora menos que nunca debo ceder: ceder es la
deshonra, y a poco que tolerase, la llevaría ante el ara a
mi despecho. Que salga, que salga inmediatamente de
esta casa.

(*Da algunos pasos hacia la puerta de la derecha con
mucha resolución*)

Carlos

No señora, no saldrá sino conmigo.

Condesa

¿Cómo impedirlo?

Carlos

(*Interponiéndose con respeto pero con firmeza*) No lo
sé... mas la protejo.

Condesa

¿Por qué medios?

Carlos

La ley..., digo mal: la justicia...

Condesa

(*Con grande energía haciendo por apartar a Carlos de
la puerta*) ¡Aparta!

Carlos

(*Con amargura y decisión*) ¡Señora!

Condesa

Saldrá ahora mismo, cualquiera que sea su estado: yo
lo quiero.

Carlos

(*Bruscamente*) No lo consentiré.

Condesa

(*Retrocediendo*) ¡Cielos! ¡Y es mi hijo!

Carlos

(*Cayendo de rodillas*) Madre mía, piedad... piedad
para ella y para mí. (*Levantándose.*) ¡Ah! Señora, compa-
dezca usted mi estado. ¡No he querido ofender a usted,
pero soy muy infeliz! Mi corazón sufre mucho y tengo en
él un mundo de amargura. Usted que fue tan buena para
Julia, no debe hacerla más desdichada; que sin nacer lo

era. Que ignore siempre la saña con que usted acaba de amenazarla. ¡Ah madre mía! Si mis palabras han podido ofenderla mi corazón no las ha dictado.

(*Durante esta escena, ha pasado Jorge de vuelta de la botica con un frasco que parece ser el recetado, hacia la puerta que conduce a la habitación de Julia, saliendo después y regresando al salón, no sin mostrar algún curioso interés por lo que pasa o dicen en la escena. Ahora viene de la antesala*)

ESCENA IX
Dichos y Jorge

Condesa

¿Qué hay?

Jorge

Acaban de entrar y esperan en el salón.

Condesa

Que tengan la bondad de aguardar un instante; allá vamos. (*Vase Jorge*) Es ya un compromiso serio; su ruptura sería una desgracia. Ahora me avergonzaría; evítame el sonrojo.

Carlos

¡Madre, madre! ¿Quiere usted hacerme completamente desgraciado? No puede ser.

Condesa

Tu casamiento me tranquilizaría respecto a tu loca inclinación a Julia. Haz lo que anhelo... Yo te ofrezco tenerla siempre a mi lado, y aun la amaré como... a una hija... ¡Carlos!

Carlos

¡Oh! Muerte, serías un bien.

Condesa

(¡Ah, qué idea! Es preciso... veamos. El momento es supremo, ¿a qué detenerme? Es un recurso disculpable, necesario.) Hijo mío, el enlace que te propongo es ahora de conciencia. Debo curarte de un amor imposible, y evitar criminales consecuencias... Entre Julia y tú, hay un abismo. Aun cuando ella fuese de tu propia condición, aun cuando tuviese todo el oro y todos los atractivos del mundo no podría ser tu esposa.

Carlos

¡Cómo!

Condesa

Lo que se cuenta de su nacimiento, fue pura invención para cubrir un extravío.

Carlos

¡Qué dice usted!

Condesa

Si la he tratado como hija, ha sido por respeto a la memoria de tu padre... Me fuerzas a decírtelo.

Carlos

¡Qué oigo! ¡Cielos, tened piedad de mí!

Condesa

Y ahora, ¿vacilarás? ¡Carlos, decídete, por Dios, que nos aguardan!

Carlos

¡Ah!

Condesa

El abismo entre los dos es ahora inmenso.

Carlos

¡Sí, inmenso!

Condesa

Debo impedir que caigas en el... ¡El incesto!

Carlos

¡Qué horror!

Condesa

Ven, y huye de ella para siempre.

Carlos

Sí, sí... Haga usted de mí lo que quiera.

Condesa

Carlos, ven a poner entre ella y tú la barrera salvadora; ven, hijo mío, ven.

(Aprovechándose del estupor de Carlos, la Condesa le ase del brazo llevándole consigo)

ESCENA X

Jorge, *que sale por el lado opuesto y que les ha
visto marchar*

Jorge

El sacerdote espera en la sala. Va a casarse con la hija
de ese hombre! ¡Pobre Julia! Si pudiese verla... Y el niño
Carlos que pensaba llevársela; pero, ¿qué haré? Sin duda
no ha escrito la carta de que me habló. (*Buscando en la
mesa*) Nada, no hay nada. Además, ¿de qué serviría si va
a casarse? ¿Cómo es que ha consentido? ¿Qué habrá hecho la señora para obligarle? Voy a ver si Juana me deja
hablar con Julia... Pero, ¿qué miro? ¡es ella!...

ESCENA XI

Jorge y **Julia** *que sale con el cabello suelto, pálida
y febril, expresando en su fisonomía su malestar
físico y su desesperación. Su traje un poco descuida-
do, da a conocer que se ha vestido con el desaliño y
rapidez que debe suponerse en quien como ella
acaba de dejar el lecho del dolor.*

Jorge

¡Julia! ¿Cómo estás aquí? ¿Por qué has salido de tu
cuarto con calentura?... ¡Y Juana te ha dejado salir!

Julia

Duerme.

Jorge

La pobre Juana ha velado toda la noche. Estaría rendida de sueño.

Julia

Dime... ¿y él?...

Jorge

Todo estaba preparado para su fuga y la tuya.

Julia

Pues vamos.

Jorge

Pero parece que se ha visto obligado a obedecer a la señora.

Julia

¡Cómo!

Jorge

Está en el salón...

Julia

Acaba...

Jorge

Julia, vuelve a tu cuarto.

Julia

Y ella sin duda estará también en el salón. Le jura un amor que es pura falsía... ¡oh! ¡Qué veo! (*Mirando hacia el fondo*) ¡Un sacerdote!... ¡Ah! Comprendo... Van a enlazarse ahora mismo, aquí en la casa... ¡Dios mío!... Pero

¿qué me importa? ¡Ah! Siento fuego en la entrañas y en las sienes... parece que va rompérseme la cabeza.

Jorge

Es un vahído... Llamaré...

Julia

¡Silencio! No llames, no es necesario... te lo suplico. El sudor baña mi frente, es de hielo, y sin embargo en ella hay algo que me quema. Esta mancha... ¿no ves esta mancha?

Jorge

Julia, deliras...

Julia

Una mancha que debe ser muy visible, porque todos la ven, todos me la echan en cara. ¡Cuando todos lo dicen!... Y sin embargo, esta mancha no es la del crimen: la tuve desde mi primer instante, nací con ella... ¡ah! ¡Si pudiese borrarla! ¡Dicen que soy bella... ja... ja... ja...! ¿Cómo puedo serlo con esta mancha? Ella es mi pecado original, ¡pero sin redención, sin redención!...

Jorge

Serénate, por Dios.

Julia

¡Pues qué!... ¿No estoy serena? Ellos se casan y yo... me río. Ya lo ves, me río... ¿me quiere más serena? yo también voy a casarme. ¿No oyes mi epitalamio?

> Hay una palma en el valle
> a quien allá en otros días
> las aves, dulces cantoras,
> a saludarla venían.

Llegó luego la tormenta
y por el rayo fue herida;
su tronco secóse ¡ay triste!...
Las aves ya no volvían.

¿No es verdad que es muy bonito mi epitalamio? Quiero ponerme los adornos de la boda. (*Tratando de arreglarse el cabello*) Jorge, tráeme flores... necesito flores para mi frente. Quiero ver si oculto esta mancha que me abruma, la mancha de mi origen; pero no me traigas mirtos ni azahares; esas flores son muy alegres y deben servir para otras más felices... ¡yo estoy tan triste! Tráeme lirios, que son tristes como yo... siemprevivas que sirvan para un sepulcro... Quiero ya mi vestido de boda, blanco como el armiño, como la pureza... como un sudario.

Jorge

Julia, por Dios, por tu madre: vuelve a tu cuarto. No debes estar, no estás bien aquí.

Julia

Mi madre, dices que mi madre... ¡Yo no tengo madre! ¿Donde está? No lo recuerdo... Sin duda ha muerto. Si ella no hubiese muerto, estaría aquí, respondería cuando la llamo. ¡La he llamado en vano tantas veces! No, no vive: ahora recuerdo que siempre me lo han dicho... ¿No es verdad que era esclava? ¡Qué horror! ¡Debió morir sin duda de pesadumbre, al ver que me ponía en el mundo para ser tan desgraciada! Sí, ella ha muerto, porque siento que alguien me llama desde otra parte, desde otro mundo... Sí, ella es quien me llama, me llama tan dulcemente... ¡Oh! ¡Sólo una madre puede llamar así!

Jorge

Julia, Julia me das miedo... ¡oh! ¿Qué hacer?

Julia

Ellos se casan... están en la iglesia. Ven acá, Jorge.
¿No oyes el órgano? Qué hermoso es lo que tocan; parece
un canto de otra vida... ¿No oyes la campana qué triste?...
Y sin embargo, celebran un casamiento. ¡Ah! ¡No, qué
boba soy! Son campanas que doblan... Es un entierro que
cantan. ¿Quién ha muerto?... Algún rico tal vez porque es
un entierro muy pomposo... ¡Ah! Vosotros los que rogáis
por un muerto a quien no conocí, rogad por mí también...
por una desdichada!... ¡Ah! Sí, es por mí, ruegan por mí...
y no puedo rezar, ni llorar tampoco... porque tengo fuego
en la frente y en los ojos, y no puedo rezar ni llorar... y
luego esta mancha!... (*Se golpea la frente*) ¡Ah! Me muero.

(*Déjase caer lentamente en un sillón como vencida por
tenaz y angustiosa modorra*)

ESCENA XII
Dichos, Luis

Luis

¡Hola!... ¿Qué es eso? ¿Qué veo?

Jorge

Señor, yo no sé lo que le pasa, pero me parece que está
muy mala... Caballero, llame su merced, por Dios.

Luis

¿Y dónde están?

Jorge

En el salón.

Luis

He visto el carruaje de Emilia y su padre venir hacia aquí.

Jorge

En el salón están todos; acaso esté ya concluido el casamiento.

Luis

¿Qué me dices? ¿Pero ignoran el estado de esa joven?...

Jorge

Sí, señor.

Luis

Llamaré para que la socorran. (Evitemos y ganemos tiempo.)

(*Vase*)

ESCENA XIII

Dichos menos **Luis**

Jorge

Julia, es menester que vuelvas a tu cama. Vendrán

los amos y si te encuentran aquí y en ese estado... la alarma para el niño Carlos será mayor.

Julia

(*Con suma postración y languidez*) ¿Qué dices? Déjame... Siento un peso tan grande en la cabeza... y en todo mi cuerpo... Quiero dormir... quiero morir...

Jorge

Ven, Julia, ven. Es preciso que la lleve de todos modos.

ESCENA XIV

Dichos, **Carlos, La Condesa, D. Críspulo, Emilia** y **Luis.** *Aparecen juntos, pero por el orden indicado.*

Carlos

¡Julia!... ¡Cielos!...

Condesa

¿Qué es eso? ¿Así se cumplen mis órdenes? ¿Cómo está aquí?

Carlos

Madre mía, ¡socorro, por Dios!

Críspulo

(*Con ira reconcentrada*) Cuando dije que esa muchacha...

Emilia

(*Con marcado desdén*) Vea usted, papá, si tenía yo razón.

Luis

(¡Era tarde: estaban casados! Pensemos en otra cosa, pues aquí ya estoy de más.) (*Saludando*) Celebraré que el accidente no sea cosa mayor.

(*Vase*)

Carlos

(*Que ha examinado a Julia al par que la Condesa*) Sin pulso... la frente helada...

Julia

(*Al oír la voz de Carlos abre los ojos aunque con dificultad, procura sonreír y le tiende la mano*) ¡Ah! ¡Carlos... yo... pesado sueño!... ¡Qué felicidad... poder dormir tan dulcemente!...

Carlos

Pero ¿qué ha pasado? ¿Cómo ha sido esto?

Jorge

(*Como quien recuerda de repente*) ¡Ah!

(*Corre hacia el cuarto de Julia*)

Críspulo

Mucho temía este lance, condesa.

Emilia

Y lo peor es que ya no tiene remedio: ¡ya soy su esposa!

Críspulo

¿Qué dice usted a eso?

Condesa

Déjeme usted ahora. Hijo mío, ¡en qué situación me has puesto con tu funesto amor!

Carlos

Madre, omita usted por favor reconvenciones. Socorros necesita esta infeliz... Julia, Julia, ¿no me oyes? Yo te llamo... Julia... ¡no responde!

Jorge

(*Trayendo vacío el frasco de la receta*) Mire su merced, niño Carlos.

Condesa

¿Qué es eso?

Jorge

La medicina que traje... Se levantó al descuido de Juana, y la bebió de un golpe.

Carlos

¡Qué escucho! Se muere sin remedio... pronto: tinta, papel.(*Va a pulsarla*) No, ya no hay remedio: ¡su sueño es el eterno!

Jorge

(*A Don Críspulo con indignación*) Ella era hija de María. Era hija de usted. (*A Emilia*) Su hermana.

Críspulo

(*Con terror y sorpresa*) ¡Qué oigo!

Emilia

(*Con sorpresa y confusión*) ¡Mi hermana!

Condesa

(*A entrambos*) ¡El dice la verdad!

Carlos

¡Señora!

Condesa

¡Perdón, hijo mío!; ¡era preciso!

Carlos

(*En tono de amarga reconvención*) ¡Madre! ¡Madre!

Condesa

Hijo mío, hijo mío (*Corriendo a abrazarle*), perdóname.

(*Carlos rehúsa este abrazo, y la Condesa se deja caer abatida en un sillón*)

Carlos

Dejadme: este matrimonio, hijo de la mentira, es nulo ante Dios y ante mi conciencia: ¡lo rechazo! (*Yendo a inclinarse sobre el cadáver de Julia*) ¡Julia! ¡Ídolo mío! Sólo la mentira pudo apartarme de ti; pero si vivieras, nadie, lo juro, podría arrancarme de tus brazos.

(*La abraza y llora con desesperación. D. Críspulo contempla a Julia aterrado. Emilia se cubre el rostro como si el dolor fuera una vergüenza*)

Jorge

(*A Don Críspulo con solemnidad*) ¡Dios hará justicia!

Cae el telón con alguna lentitud.

FIN DEL DRAMA

ALEJANDRO TAPIA RIVERA

ALEJANDRO TAPIA Y RIVERA, autor de obras que figuran entre las más singulares del siglo diecinueve latinoamericano, nació en San Juan, Puerto Rico, el 12 de noviembre de 1826. Su padre, Alejandro Tapia, era un militar oriundo de Murcia y su madre, Catalina Rivera, pertenecía a una familia criolla de la Villa de Arecibo. En Tapia se encarna uno de los arquetipos de las letras de la época: el polígrafo erudito. Formado en la que habría de ser la última colonia del imperio español en América, bajo el dominio de un gobierno brutalmente represivo, sorprenden la tenaz vocación literaria y la vasta erudición de quien se considera el padre de la literatura puertorriqueña. Publicó más de una decena de libros pertenecientes a géneros diversos: novelas, obras de teatro, biografías, una compilación de documentos históricos, cuentos, leyendas, artículos periodísticos, poemas, ensayos filosóficos y un enorme y extravagante poema épico.

En 1866 se reúne en Madrid la Junta Informativa, compuesta por José Julián Acosta, Francisco Mariano Quiñones y Segundo Ruiz Belvis. A instancias de Acosta, Tapia los acompaña. Este es el grupo que reclamará ante las Cortes la abolición de la esclavitud con indemnización o sin ella. El clamor abolicionista está en el ambiente y Tapia escribe su primer drama "moderno" en prosa, *La cuarterona*, una denuncia del prejuicio racial en las colonias.

Activo hasta el momento mismo de su muerte, fallece en una reunión de la Sociedad Protectora de la Inteligencia, el 19 de julio de 1882.

COLECCIÓN PUERTORRIQUEÑA

Una selección de obras fundamentales de la tradición escrita de Puerto Rico, escogidas con criterios de excelencia, de pertinencia y disponibilidad, constituye el ímpetu inicial de esta **Colección Puertorriqueña**.

La **Colección Puertorriqueña** quiere ir juntando, sin prisa ni sosiego, a medida que los recursos lo permitan, una selección antológica de obras que reflejen lo que han pensado y creado los escritores puertorriqueños a lo largo del tiempo y, por ende, lo que dicen a nuestro tiempo. Sin olvidar que muchas de estas obras han estado fuera de circulación durante años y muchos lectores de mayor edad no las conocen, deseamos hacerlas asequibles principalmente, a las nuevas generaciones.

Cada volumen de la serie se publicará en una edición crítica, es decir, enmarcado críticamente por un especialista, con un mínimo de anotaciones que aclaren su sentido en lo fundamental.

Títulos publicados

1. *La muñeca*. Carmela Eulate Sanjurjo (1989)
2. *Literatura de Bonafoux*. Luis Bonafoux (1989)
3. *Luz y Sombra*. Ana Roqué (1990)
4. *Tuntún de pasa y grifería*. Luis Palés Matos (1993)
5. *La cuarterona*. Alejandro Tapia y Rivera (1993)